VOGUE
PARIS
SEPT. F 40
Haute Couture
L'esprit parisien

ELLE
DER GROSSE ELLE-TEST
CHECK LISTE FÜR KLASSE-FRAUEN
USA-SPEZIAL
MODE
CORDULAS SÜDSTAATEN STIL
KARRIERE
DEUTSCHE IN NEW YORK
KONTROVERSE
WAS BLEIBT VOM AMERIKANISCHEN TRAUM?

Glücklichsein für Fortgeschrittene

Für Mo,
die schönste Frau der Welt

CORDULA REYER

Glücklichsein für Fortgeschrittene

Wie ich lernte, meine Schwächen zu lieben

Mit Illustrationen von
Mitra Farahmand und Poppie van Herwerden
und einem Vorwort von Nicole Adler

Mitarbeit von Antonia Wemer

Brandstätter

Bibliografische Information der Deutschen Nationalbibliothek:
Die Deutsche Nationalbibliothek verzeichnet diese Publikation in der Deutschen Nationalbibliografie; detaillierte bibliografische Daten sind im Internet über http://dnb.d-nb.de abrufbar.

1. Auflage

Entwurf des Schutzumschlags, grafische Gestaltung und Illustrationen:
Mitra Farahmand und Poppie van Herwerden
Coverfotos: Elfie Semotan (Vorderseite), Peter Lindbergh (Rückseite)
Technische Betreuung: Franz Hanns
Lektorat: Gerlinde Hinterhölzl

Gedruckt in der EU

ISBN 978-3-85033-499-0

Christian Brandstätter Verlag
GmbH & Co KG
A-1080 Wien, Wickenburggasse 26
Telefon: (+43-1) 512 15 43-0, Telefax: (+43-1) 512 15 43-231
E-Mail: info@cbv.at, www.cbv.at

INHALT

VORWORT

Eine Frau kann
mit zwanzig schön,
mit vierzig charmant
und ihr ganzes Leben lang
unwiderstehlich sein.
– Coco Chanel

Erstaunlich, aber wahr: Frauen sind die glücklicheren Menschen. Das besagt zumindest eine jüngst veröffentlichte US-amerikanische-Studie. Allerdings gibt es da einen kleinen Haken, der zumindest nicht geschlechtsspezifisch ist: Das Leben ist ein einziger U-Turn. Der publizierten statistischen Kurve nach wird man als glücklicher Mensch geboren, danach geht es in den Wirren der Persönlichkeitsfindung stetig bergab und frühestens ab Mitte vierzig mit dem Wohlbefinden wieder bergauf. Dabei sind laut dieser Untersuchung auch Geselligkeit, Experimentierfreude und Mut zur Individualität entscheidende Glücksfaktoren. Und genau davon handelt dieses Buch.

Die Autorin gehörte in den 80er-Jahren zu *den* Gesichtern der Modewelt und wurde auch als „Woman of Mystery" beschrieben. Heute ist sie eine Ikone, die nicht nur für Schönheit, sondern auch für Persönlichkeit steht. Und sie ist das einzige österreichische Model, das es zu einer zwanzigjährigen internationalen Karriere gebracht hat. Die auffallend schöne Mittvierzigerin ist nunmehr auch als Autorin erfolgreich; mit der ihr eigenen Empathie hat sie so manch interviewscheue Persönlichkeit aus dem Modebusiness in Tête-à-têtes zum Reden gebracht. Cordula Reyer galt immer als eines der ausdrucksstärksten Models der Branche. Das Modeln war, wie sie selbst sagt, keineswegs geplant, sondern ein Zufall. Für den österreichischen Designer Helmut Lang war sie schon früh eine Muse; erst arbeitete er mit ihr an seinen Kollektionen, später in den von Elfie Semotan fotografierten Kampagnen und schließlich bei seinen Modeschauen in Paris. Es folgten Aufträge von Yves Saint Laurent, Prada, Jil Sander und Dolce&Gabbana. Zum internationalen Durchbruch kam es im April 1988, als Steven Meisel sie für die US-amerikanische, die französische und die italienische „Vogue" fotografierte. Davor war sie laut Eigendefinition ein „interessantes Gesicht", danach wollten sie alle. Angefangen von Peter Lindbergh über Richard Avedon und Jürgen Teller bis zu Helmut Newton. „Es ist wie bei *Des Kaisers neue Kleider:* Einer sagt, du bist schön, und auf einmal finden das alle", meinte sie in einem Interview.

Während heute mit entblößten Babybäuchen Auflage gemacht wird, war es damals etwas Außergewöhnliches, als Model ein Kind zu haben. Als Reyers große Karriere startete und sie erst nach New York und dann nach Los

Angeles übersiedelte, war ihr Sohn vier Jahre alt. Bereits mit sechsundzwanzig galt sie in der Branche als „reife" Frau und manche Kolleginnen nannten sie liebevoll „Mama Cordula".

In der Folge arbeitete sie mit den weltbesten Fotografen zusammen – unvergessen die zahlreichen Modestrecken und Porträts mit Peter Lindbergh für die italienische „Vogue". Sie warb für DKNY, GAP, Revlon und Valentino, zierte die Covers von „ELLE", „Vogue" und „Marie Claire". Annie Leibovitz lichtete sie für eine zwölfseitige „Super Model"-Strecke in der US-amerikanischen „Vogue" ab. Mit Ridley Scott drehte sie einen Werbespot. Auch in späteren Jahren galt sie als Ikone und wurde u. a. für die Avantgarde-Zeitschrift „Another" und für Pop-Magazine fotografiert. Heute, mit achtundvierzig, ist die unverwechselbare Schönheit noch immer im Geschäft: „Solange es für mich interessante Aufträge gibt, arbeite ich gerne."

Im vorliegenden Buch gewährt Reyer Einblicke in ihre Karriere, die nicht ohne Hochs und Tiefs verlief. Und sie erzählt von ihrem Lebensentwurf. Dieser ist durchwegs von einem hohen Maß an Eigensinn geprägt, und auch ihre gesunde Distanz zu ungesunden Schönheitsidealen war ihrer Karriere zuträglich. Wir erfahren, wie ihr Makel zu ihrem Markenzeichen wurde, wie sie trotz ihrer vermeintlichen Rundungen eine Traumkarriere gemacht hat und dass man sich für sein Alter niemals genieren sollte.

Durch ihren Eigensinn ist Cordula Reyer bereits früh

aus der Reihe getanzt. Ich erinnere mich noch gut daran, als wir vor vielen Jahren zu einer schicken Geburtstagsparty eines gemeinsamen Freundes eingeladen waren und sie dem erstaunten Gastgeber eine selbst gemachte Marillenmarmelade in die Hand drückte. Ein höchst ungewöhnliches Geschenk für einen zwanzigjährigen angehenden Yuppie. Für mich aber ob der bodenständigen Kühnheit ein unvergesslicher Moment. Auch kleidete sich Cordula nie wie die anderen oder gar „nach der Mode". Stattdessen wickelte sie bunte Tücher wie einen Turban um ihren Kopf, trug gestreifte Latzhosen, XL-Sakkos und maskuline Schnürschuhe. Sie hatte immer schon eine Vorliebe für Vintage und Secondhand-Stücke, erstand ihre zuweilen bizarr anmutende Garderobe am liebsten auf Flohmärkten.
„Schönheit muss leiden" ist ganz klar nicht ihr Prinzip. Dass Cordula Reyer auch heute gängige Schönheitszwänge infrage stellt, denen sich Frauen zunehmend ausgesetzt fühlen, liegt auf der Hand. Sie ist überzeugt, dass „man an seinem Äußeren arbeiten kann, ohne einen Fulltime-Job daraus zu machen", und tritt für mehr Persönlichkeit und Mut zum Makel ein. Denn eines ist klar: Stoppen kann man den Alterungsprozess nicht.
Dieses Buch ist ein menschlicher und kluger Gegenentwurf zu den rastlosen Bemühungen vieler Mittvierzigerinnen zwischen Botox, Size-zero-Diät und Nervenzusammenbruch. Ein Plädoyer an Frauen, die Welt immer wieder neu zu erobern anstatt Falten zu zählen.

Nicole Adler

SCHWÄCHEN SIND MEIST STÄRKEN

Meine Augenringe sind mein Markenzeichen. Das war natürlich nicht immer so. Als kleines Mädchen wunderte ich mich oft, wenn Lehrer zu mir sagten, ich schaue so schlecht, so blass aus. Ich hatte keine Ahnung, was sie damit meinten. Als Teenager erging es mir nicht viel besser. Nunmehr fragten sie mich, ob ich denn Drogen nehme, und machten sich Sorgen.

Die dunklen Augenringe haben in meiner Familie eine lange Tradition. Sie stammen von meiner väterlichen Seite. Wir haben, wie man das so nennt, eine „Prädisposition" dafür. Auf einem alten Foto von meiner Großmutter entdeckte ich sie und auch mein Vater schlug sich humorvoll mit ihnen herum. Wir hatten nämlich nicht nur schwarze Schatten, sondern auch stark verquollene Augen. Vor allem in der Früh, aber auch bis hin zur Mittagszeit. Ich erinnere mich, dass ich meinen Vater beobachtete, wie er sich morgens im Spiegel betrachtete und sich lachend mit *„Verquollenes Schweinsauge!"* begrüßte. Das, was man eine Morgenschönheit nennt, bin ich bei Gott nie gewesen. Als ich zu modeln anfing, wurden meine Augenringe zur lästigen Aufgabe. In diesem

Metier fielen sie natürlich gleich doppelt so stark auf und waren äußerst unbeliebt. Man wollte ja ein gesundes und vitales Image. So wurden die dunklen Schatten mit so viel Make-up, wie nur ging, zugekleistert. Da sich das alles lange vor Photoshop abspielte, war das Resultat meist jämmerlich. Trotz raffinierter Make-up-Tricks blieb mein Makel unübersehbar. Also bemühte ich mich, die unerwünschten Augenringe mit anderen Mitteln loszuwerden. Vom Auflegen von Gurkenmasken, Eiswürfeln oder Kamillenbeuteln bis hin zu salzfreiem Essen, kein Wasser und keinen Alkohol nach 17 Uhr trinken: alles vergeblich.

Der erste französische Satz, den ich in Paris, wo ich weiterhin stur mein Glück als Fotomodel versuchte, lernte, weil ich ihn so oft zu hören bekam, lautete *„Elle est belle, mais elle a des cernes"* – *„Sie ist schön, aber sie hat Ringe unter den Augen"*. Gearbeitet hab ich trotzdem. Nicht besonders viel und immer mit dem komischen Gefühl, dass meine Augen mein größtes Hindernis seien.

Alles änderte sich, als ich von Steven Meisel entdeckt und von ihm für die US-amerikanische „Vogue" fotografiert wurde. Meine Augenringe waren plötzlich kein Thema mehr. Sie wurden nicht einmal erwähnt. Es schien, als wäre das Bild, das mein Äußeres abgab, stimmig und keine Veränderung erforderlich. Als ich kurz darauf das erste Mal mit Peter Lindbergh – dem großen, deutschen Fotografen – arbeitete und er der Visagistin beim Schminken zusah, meinte er zu ihr: *„Lass die Augenringe! Die sind so schön."* Er sagte es mit so einer

Vehemenz, ja fast Bewunderung, dass ich richtiggehend aufwachte und plötzlich die Schönheit meines eigenen Makels erkennen konnte. Und es wurde mir klar, dass es tatsächlich möglich ist, aus einer Not eine Tugend zu machen. Lange genug hatte es ja gedauert. Auf einmal verglich man meine Augenringe mit jenen von Simone Signoret. Und immer wieder betonten verschiedenste Leute, „wie menschlich ich dadurch wirkte".

Als ich mir ein paar Monate später mein Lieblingsmagazin, das US-amerikanische „Vanity Fair", am Flughafen von New York kaufte, war ich erstaunt: Nach den ersten paar Seiten entdeckte ich ein Schwarz-Weiß-Porträt von mir, neben dem zu lesen stand: *„This brooding beauty from Vienna is going to make dark circles under the eyes popular!"* Ich musste unwillkürlich an Billy Wilder denken, der über Audrey Hepburn gesagt hatte, dass *„dieses Mädchen den Busen noch ganz aus der Mode bringen wird"*.

Meine Unsicherheiten haben mich viel Zeit gekostet und mir unnötig das Leben erschwert. Hätte ich etwas mehr zu mir stehen können, hätte ich vielleicht meinen vermeintlichen Nachteil schon früher als einen Vorteil erkannt. Wer will schon ausschauen wie jemand anderer? Und warum nicht gleich wie man selbst? Und zwar mit allen Eigenheiten, die einen ausmachen.

SEI EINZIGARTIG!

Die Kunst der Unvollkommenheit

Viele von uns streben nach Perfektion. Wir warten oft jahrelang und vergeblich auf die alles verändernde Begegnung, auf den perfekten Mann. Ähnlich hoch sind die Ansprüche im Beruf. Aber etwa auch die Küche sollte alle Stücke spielen. Unser Perfektionswahn treibt uns wie ein Motor an. Kein Wunder, dass wir da auch beim Äußeren keine Ausnahme machen. Kein Mittel ist uns zu drastisch, um unser Aussehen zu optimieren. Um mehr oder weniger große Abweichungen von einem normierten Idealbild zu korrigieren, rücken wir den vermeintlichen Fehlern mit Zahnspangen, Laser und Chirurgie auf den Leib.

„Der Mensch der Gegenwart ist von einer ungeheuren Ansammlung an Bildern schöner Menschen umgeben. Angesichts dieser Bilderflut muss fast jeder Körper defizitär erscheinen, paradoxerweise auch dann, wenn diese Bilder Resultat digitaler Manipulation sind, denen keine Realität mehr entsprechen kann", weiß der Philosoph Konrad Paul Liessmann dieses Phänomen zu erklären.

Karl Lagerfeld drückte es einfacher aus: *„There is no beauty without strangeness."*

Schönheit ist ein abstrakter Begriff, der von Wertvorstellungen, Kultur und gesellschaftlichen Konventionen geprägt ist und der in allen Aspekten des menschlichen Daseins zum Einsatz kommt. Auf der Suche nach wahrer Schönheit hat es in der Menschheitsgeschichte immer wieder Studien zum goldenen Schnitt und dem „perfekten Gesicht" gegeben. Das perfekte Gesicht, den perfekten Körper – gibt es das überhaupt? Rund 2.600 Mitglieder des US-Verbandes für Gesichts- und Rekonstruktionschirurgie machten sich vor einiger Zeit auf die Suche nach einer Antwort darauf. Und kamen zu dem Schluss, dass ein allzeit gültiges Schönheitsideal nicht existiert.

NIEMAND IST PERFEKT

Keiner kann sagen, ob eine Sophia Loren schöner ist als eine Claudia Schiffer. Auch die Hersteller von Schaufensterpuppen haben längst aufgegeben, das „perfekte Gesicht" zu modellieren. Stattdessen veranstalten sie Castings, bei denen nach Frauen und Männern gesucht wird, deren Aussehen nicht makellos, sondern besonders faszinierend ist. Wissenschaftler fanden immerhin heraus, dass Gesichtszüge vor allem dann auf andere Menschen schön wirken, wenn sie möglichst gleichmäßig sind. Laut einer kanadisch-amerikanischen Studie beträgt beim perfekten Frauengesicht der Abstand zwischen Augen und Mund genau 36 Prozent der Gesamtlänge vom Haaransatz bis zum Kinn, während die Distanz zwischen den Augen 46 Prozent der Gesichtsbreite – gemessen zwischen den beiden Ohransätzen – ausmacht. Doch diese Zahlenspielerei scheint völlig relativ zu sein: Eine Angelina Jolie zeigt weder senkrecht noch waagerecht diese Maße. Und eine Elizabeth Hurley kommt nur der Gesichtslänge nach auf den Idealwert, nicht aber bei der Breite ihres Gesichts. Dass die beiden trotzdem zu den schönsten Frauen der Welt gehören, beweist, dass Symmetrie allein noch niemanden verzaubert.

FRAUEN, DEREN MAKEL MODE MACHTEN

Die schillerndsten und faszinierendsten Stars waren immer schon jene, die ein wenig anders waren und von der Norm abwichen. Was wäre Lauren Hutton ohne ihre Zahnlücke? Auch Jane Birkin wäre ohne ihre perfekte Lücke nur halb so verführerisch. Am Anfang ihrer Karriere war sie so burschikos, dass man sie für einen Jungen halten konnte – kaum Busen, kurze Haare. Trotzdem wurde gerade sie zum Sexsymbol. Und sie brachte es auf drei Töchter mit drei verschiedenen Männern. Ganz zu schweigen davon, dass sich Serge Gainsbourg unsterblich in sie verliebte und sie zum Star machte.

Oder stellen Sie sich Charlotte Rampling ohne ihre verführerischen Schlupflider vor, die göttliche Callas ohne ihr beinahe bedrohliches Profil, Audrey Hepburn ohne dünnen Hals und

Segelohren, die sie so betörend und herzzerreißend fragil machten.
Auch heute mangelt es nicht an eigenwilligen Schönheiten abseits von Normen. Allen voran Tilda Swinton. Bei genauerer Betrachtung sieht sie nahezu wie ein Wesen von einem anderen Stern aus. Mit ihrem Alien-Look ist sie das Ideal vieler zeitgenössischer Modemacher und bringt Männer mit Hang zur Intelligenz zum Schwärmen. Die Tochter von Jane Birkin, Schauspielerin und Sängerin Charlotte Gainsbourg – sicher keine Schönheit im klassischen Sinn –, ist in ihrem Genre höchst erfolgreich und darüber hinaus auch Inspirationsquelle für Couturier Nicolas Ghesquière. Der Luxusmarke Balenciaga verleiht sie mit ihrem improvisierten bohemistischen Stil einen zeitgemäßen Touch.
Kate Moss, die Rockerin unter den Models, wurde am Beginn ihrer Karriere wegen ihrer 1,70 Meter, der knabenhaften Figur und den O-Beinen belächelt. Fast zwanzig Jahre später gehört sie zu den Bestverdienenden im Geschäft. Stilgebend wie kaum eine andere – pur, authentisch und auf eine erschreckend verletzliche Art erotisch – verkörpert sie ein neues Frauenbild, das sich kompromisslos mit der Realität arrangiert. Seit Jahren wird sie von ihrer Gefolgschaft kopiert wie keine andere:

Junge Mädchen haben sogar ihre Art zu gehen, den sogenannten „O-Bein-Gang", imitiert. Kates Leben ist ebenso wenig makellos wie ihr Look – entschuldigt hat sie sich dafür nie. Muss sie auch nicht, denn gerade das macht sie zur perfekten Muse ihrer Zeit.

Apropos Muse: Erinnern Sie sich an Rossy de Palma, die Almodóvar-Heldin aus *Frauen am Rande des Nervenzusammenbruchs* mit der riesigen schiefen Nase, den hängenden Lidern und dem starkem Unterkiefer? Nicht wenige meinen, sie sehe aus wie eine Comicfigur, aber wenn sie einen Raum betritt oder auf der Leinwand erscheint, wollen alle nur mehr Rossy sehen.

Auch die Soul-Sängerin Amy Winehouse war ein De-Palma-Fan. Angeblich ließ sie sich von ihr zu den Markenzeichen – der 1960er-Beehive-Frisur und den schwarzen Lidstrichen – inspirieren. Was wiederum Karl Lagerfeld so faszinierte, dass er 2007 eine „Winehouse"-Kollektion für Chanel entwarf. Almodóvar, dem Liebhaber eigenwilliger Schönheit, haben wir natürlich auch Penélope Cruz zu verdanken: die feurige Schönheit, deren Nase einen Höcker hat und beim Lachen fast die Lippen berührt. Was Cruz' Beliebtheit nur zuträglich ist; sie gehört zu den hinreißendsten und begehrtesten Schauspielerinnen.

DER ZAHN DER ZEIT

Wie die Zahnlücke zur Marktlücke wurde

Madonna hat sie und Vanessa Paradis auch. Erotisch fand man sie erstmals bei Lauren Hutton. Als die junge Lauren 1961 auf Agentursuche ging, um ihr Glück als Fotomodel zu versuchen, stieß sie auf erhebliche Ablehnung. Eine der wichtigsten Agenturen in den USA, Ford Models, hätte sie zwar gerne vertreten, legte ihr aber nahe, davor noch ihre Zahnlücke korrigieren zu lassen. Huttons Selbstbewusstsein und Stolz jedoch ließen das nicht zu. Zu ihrem Glück, denn ebendiese von Ford geächtete Zahnlücke avancierte zu ihrem Markenzeichen. Sie war das erste Model, das trotz oder gerade wegen dieses Schönheitsfehlers einen Vertrag bekam. Den Sprung vom internationalen Fotomodel zur Filmschauspielerin schaffte sie dann auch noch: 1980 mit dem Thriller *American Gigolo*.

Als „Supermodel of the Moment“ gilt die Holländerin Lara Stone: Mit ihrer blonden Mähne, ihrem üppigen Körper, der Helmut Newton begeistert hätte, und ihrer großen Zahnlücke, die Mrs. Hutton alle Ehre machte, ist sie zurzeit die unbestrittene Nummer eins und das neue Gesicht der Calvin-Klein-Kampagnen. Diese Zahnlücke! So einen „Makel“ muss man jetzt einfach haben. Chanel-Testimonial Georgia Jagger hat eine und die 16-jährige Newcomerin aus Texas, Lindsey Wixson, kann neben einem sensationellen Schmollmund auch eine wunderbar große Lücke vorweisen und hat es mit dieser auch schon in die Kampagne von Miu Miu geschafft. Amerikanische Zahnärzte haben, seit es diesen Trend gibt, alle Hände voll zu tun. War es noch vor Kurzem ein Muss, die sogenannte Fehlstellung durch das Tragen einer Zahnspange zu korrigieren, unterziehen sich jetzt viele einer – immerhin ein paar hundert Dollar teuren – Prozedur, um zu einer Lücke zu kommen. Die Nachfrage ist absurd groß. Ein amerikanischer Arzt für kosmetische Zahnheilkunde meinte kürzlich: *„Es ist eine kleine individuelle Inperfektion. Frauen lieben sie, aber wir hatten auch schon einige männliche Kunden."*

STARS AUFS GEBISS GESCHAUT

Sie sehen Jennifer Garner oder Kirsten Dunst auf einem Foto und bleiben mit den Augen irritiert an deren strahlend weißen Zähnen hängen? Oder Sie wundern sich, wie ein George Clooney plötzlich so ein überdurchschnittlich gesundes Gebiss vorweisen kann? Wo bislang kleine Mäusezähnchen oder beim herzhaften Lachen eine Menge Zahnfleisch sichtbar waren, blitzen einem nun überirdisch perfekte Beißwerkzeuge entgegen. Das kommt nicht von ungefähr: Nahezu alle Hollywood-Stars haben ihr Gebiss findigen Zahnärzten und/oder Kieferorthopäden anvertraut.

DAS ANDERE FACELIFTING

Ein junges Gesicht hat eine dreidimensionale Qualität und ein gesundes Gebiss kann dabei helfen, diese zu stützen und zu erhalten. Freilich kann man auch dabei nachjustieren. Das Dental-Facelifting gilt momentan als die neue Wunderwaffe unter den US-amerikanischen Antiaging-Spezialisten. Statt zu Spritze oder Skalpell zu greifen, verändert man mithilfe von Veneers und Regulierungen die Zahnstellung. Dies wiederum ermöglicht es, schmale eingesunkene Lippen, eingefallene Wangen und das gesamte Gesichtsvolumen aufzupeppen. Ein Millimeter mehr Oberfläche bei einem Backenzahn wird zu drei Millimetern im Gesicht, und das lässt einen, so die Experten, um Jahre jünger aussehen.

MÄNNERBLICKE

Schönheit liegt im Auge des Betrachters. Schönheitsfehler ebenso. Ob dieses Auge männlich oder weiblich ist, macht dabei oft einen großen Unterschied. Kleine Makel wie Cellulite, dicke Waden oder ein nicht ganz straffer Busen stören Männer, wie man aus Umfragen weiß, weit weniger als Frauen im Allgemeinen annehmen. Und Sommersprossen findet jeder Dritte sogar ausgesprochen sinnlich. Was viele Herren der Schöpfung auf Distanz gehen lässt, sind ein schlampiges Äußeres, ein breitbeiniger Gang, ein hanteltrainierter Oberkörper à la Arnold Schwarzenegger – und vor allem ständiges Gejammer von Frauen, die sich selbst nicht schön finden und mit ihrem Aussehen nie zufrieden sind.

KEIN SCHATTENDASEIN

Sie wollen Ihre Augenringe *nicht* zu Ihrem Markenzeichen machen? Hier drei Tipps, um sie verschwinden zu lassen.

HÄMORRHOIDENSALBE

Sie ist der Geheimtipp aus dem Modelbusiness. Da die Salbe recht schnell hilft, wird sie von Models gerne nach langen Nächten vor morgendlichen Shootings verwendet. Die Handhabung ist einfach: eine feine Schicht davon gleichmäßig auftragen und warten, bis sie eingezogen ist. Allerdings sollte man sie nur in Notfällen einsetzen, weil sie die kleinen Blutgefäße unter der dünnen Augenhaut verengt, was zwar die dunklen Ringe verblassen lässt, gleichzeitig aber die Haut austrocknet. Dadurch können kleine Fältchen entstehen. Wichtig ist es, stets nur Salben zu verwenden, die kein Kortison enthalten.

TEEBEUTEL

Feucht-kühle Kompressen mit grünem Tee helfen nicht so verlässlich wie eine Hämorrhoidensalbe, haben dafür aber keine Nebenwirkungen. Andere beliebte Hausmittel sind kalte Gurkenscheiben oder Wattepads, die man mit ausgekühltem frischem Espresso tränkt und für zehn Minuten auf die Augenlider legt.

TOPFEN-EI-MIX

Eine kleine Patzerei mit großer Wirkung: Man streicht eine Mischung aus Topfen und Eiweiß auf die „Ringzone", lässt sie leicht antrocknen und wäscht sie anschließend vorsichtig mit lauwarmem Wasser ab.

„BEI MIR BIST DU SCHÖN!"

Nicht alle Frauen haben das Glück, irgendwann einem Fotografen gegenüberzusitzen, der ihren Schönheitsfehler in ein Markenzeichen verwandelt. Aber jede von uns kann jeweils selbst entscheiden, ob sie einen Makel ablehnt und hasst, oder aber sich damit anfreundet und dann vielleicht sogar zu schätzen weiß. Anstatt ihn unter Make-up oder Kleidung zu verstecken, könnte man ihn als persönliche Note seines Äußeren wirken lassen und dadurch an Ausstrahlung gewinnen.

Spätestens mit vierzig wissen die meisten Frauen um ihre „optischen Hoppalas“ und wie man sie am besten kaschiert. Natürlich kann man „Wabbelarme“ mit Tüchern und durchsichtigen Blusen „weichzeichnen“. Oder mit tiefen Dekolletés von molligen Schenkeln ablenken. Aber eigentlich sollte man ab einem gewissen Alter auch zu diesen Eigenheiten des Körpers stehen können – oder sich zumindest nicht dafür genieren, was der Zahn der Zeit mit einem treibt.

Damit meine ich nicht ein totales Sich-gehen-Lassen – auf sich zu schauen und gepflegt zu sein ist immer gut, schon allein deshalb, weil es das eigene Wohlgefühl stärkt. Schlecht ist nur all das, was nach Zwang und Druck aussieht und vor allem dann entsteht, wenn man aussehen möchte wie fünfundzwanzig oder dreißig. Wenn man sich schon unbedingt mit anderen Frauen vergleichen möchte, dann bitte nur mit solchen im eigenen Alter. Alles andere erzeugt Stress. Und der macht bekanntlich alt.

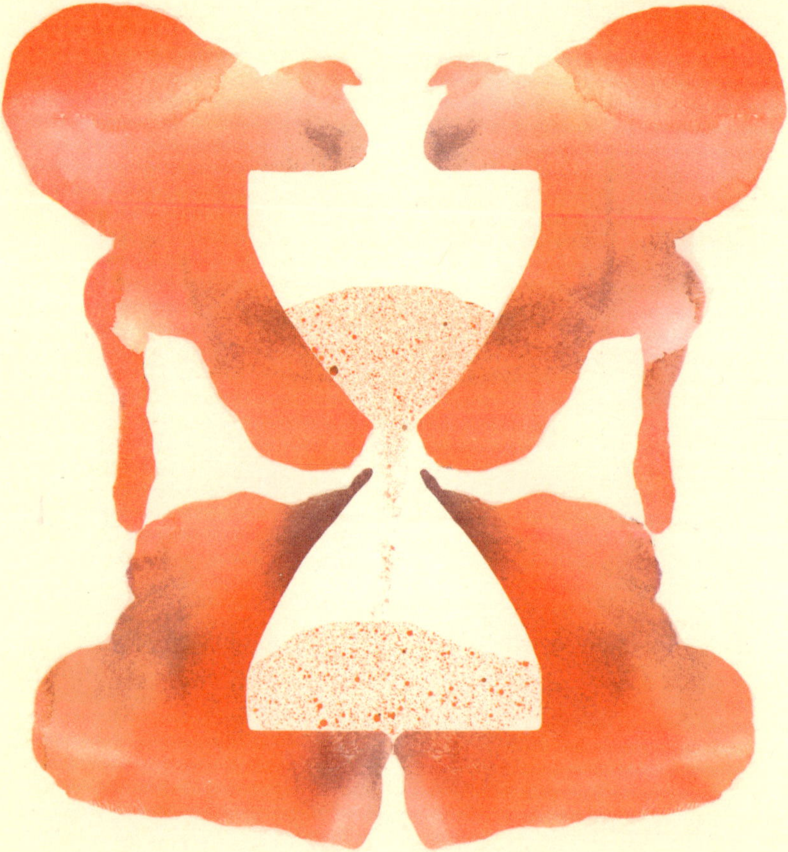

VOM GEHEIMNIS, NICHT EWIG JUNG ZU BLEIBEN

Älter werden ist eine Gemeinheit. Sie denken, ich als Exmodel kann ein Lied davon singen? Jawohl. Wenn sich irgendjemand über das Älterwerden beklagen darf, dann wohl ich, die ich mit meinem Äußeren meinen Lebensunterhalt verdient habe.

Mit zweiundvierzig, ich lebte in Los Angeles, war ich über die ersten grauen Haare erstaunt und betrachtete sie als etwas Exotisches. Und es war natürlich ein Thema, wenn ich meine Freundinnen traf, die das ähnlich erlebten: Spätestens wenn sich die grauen Haare – so wie die Falten – mehren und man dem Ganzen nicht Einhalt gebieten kann, fängt es an, unangenehm zu werden. Schließlich sagte ich mir, nicht ohne Selbstironie: Ja, der „körperliche Verfall" ist einfach nicht aufzuhalten. An manchen Tagen, an denen mich die Welle des Selbstmitleides niederriss, beweinte ich den Abschied vom Sommer meines Lebens und wehrte mich mit Händen und Füßen dagegen, würdig in den Herbst zu schreiten. Ein Psychologe hätte es wahrscheinlich als eine leicht depressive Phase bezeichnet. Aber das war ein

Stolpern, ein Kriechen und immer wieder ein Reißausnehmen-Wollen. Letzteres hat sich – zum Schrecken meiner Mutter und meines Sohnes – in überaus pubertärem Benehmen geäußert. Das Zimmer, das ich bewohnte, wenn ich meine Mutter in Wien besuchte, schaute zumeist aus, als hätte eine Bombe eingeschlagen, und ich selbst schlug mir die Nächte um die Ohren. Meine Schwestern nahmen mich beiseite und mahnten mich, war ich doch immer die Vernünftigere, die Verantwortungsvollere von uns dreien gewesen. Wildheit und Unangepasstheit, diese Eigenschaften hatten eigentlich meine Schwestern gepachtet gehabt.
Alles geriet aus den Fugen und manchmal erkannte ich mich selbst nicht wieder. Vieles, was mir früher wichtig gewesen war, verlor an Bedeutung. Meine größten Fragen lauteten: Wer bin ich? Was will ich? Und vor allem: Wohin will ich? Scheinbar war ich in das hineingeschlittert, was man eine klassische Midlife-Crisis nennt.
Ich glaube, es hatte auch viel damit zu tun, dass mein mittlerweile 20-jähriger Sohn aus dem Hause war und seine Abwesenheit ein großes Loch in mein Leben riss. Trotz meines Erfolges im Beruf identifizierte ich mich sehr als Mutter. In Amerika wird das als „double whammy" bezeichnet. Ich spürte einen starken inneren Drang, alles zu ändern, wusste aber nicht, wie und wo ich anfangen sollte. Ich wusste nur, dass es schon begonnen hatte.
Nachdem sich der Staub gelegt und ich mich dreingefügt hatte in den Lauf des Lebens, musste ich über mich

selbst lachen. Es ist, wie die Yogis sagen: Schmerz entsteht, wenn man sich gegen etwas wehrt. Und ja, mit dem Alter wird man gelassener, man weiß, dass es für fast alle Probleme Lösungen gibt und nicht gleich das Ende der Welt vor der Türe steht.

Man gewöhnt sich an das Bewusstsein, dass sich vielleicht manche Vorhaben in diesem Leben nicht mehr ausgehen. Dass Kapitel abgeschlossen werden müssen und somit manche Träume an den Nägel zu hängen sind. Und dass man sich selbst einfach nicht loswerden kann. Aber man kann an sich und an seinem Äußeren arbeiten, und zwar ohne einen Fulltime-Job daraus zu machen.

Wenn ich mich heute an meine Midlife-Misere zurückerinnere, dann denke ich mir: Was war das für ein sentimentales Gesudere? Ich habe keine Zeit zu verlieren und schon gar nicht meine Laune. Ich will mein Leben genießen und das Beste aus allem machen, was mir von ihm entgegengebracht wird. „All the time in the world", „alle Zeit der Welt", wie das der gute, alte Louis Armstrong sang, hab ich eben nicht mehr.

ÄLTER UND WEISER

Was „alte Meisterinnen und Meister" über das Altern sagen

„Also, ich bin dagegen. Es gibt dabei nichts, das ich empfehlen könnte. Man wird nicht klüger, wenn die Jahre vergehen. Man fällt auseinander, das ist das Einzige, was

passiert! Die Leute versuchen, diesen Prozess zu beschönigen, und sagen: Ja man wird gelassener, ruhiger. Man fängt an, das Leben zu verstehen und Dinge zu akzeptieren. Ja! Aber man würde alles dagegen eintauschen, um noch mal 35 zu sein! Es ist mir schon passiert, dass ich mitten in der Nacht aufwache und meine eigene Sterblichkeit bedenke und mir das alles genau vorstelle. Grässlich! Ich habe Gänsehaut bekommen!"
– Woody Allen

„Das Alter ist kein Ort für Feiglinge."
– Bette Davis

„Mit dem Altwerden ist es wie mit Auf-einen-Berg-Steigen: Je höher man steigt, desto mehr schwinden die Kräfte – aber umso weiter sieht man."
– Ingmar Bergman

„Alternde Menschen sind wie Museen: Nicht auf die Fassade kommt es an, sondern auf die Schätze im Innern."
– Jeanne Moreau

„Die Leute, die nicht zu altern verstehen, sind die gleichen, die nicht verstanden haben, jung zu sein."
– Marc Chagall

DIE MIDLIFE-CRISIS-ESKAPADEN DER CELEBRITIES

Man kennt es von Männern: Sie kaufen sich einen Sportwagen oder ein Motorrad, gehen auf einmal wie besessen ins Fitnessstudio und ins Solarium und lassen sich im schlimmsten Fall auch die leicht ergrauten Haare färben. Dann suchen sie sich eine neue, jüngere Frau, die das neue Ich auch wirklich zu schätzen weiß. Das Traurigste daran: Die Midlife-Crisis ist nicht allein eine Domäne des Mannes.

MÜTTER IM TEENIE-LOOK

Die eine ist dreiundfünfzig, die andere vierzehn. Totenköpfe scheinen sie beide zu mögen. Bei Madonna prangt der Schädel auf dem Shirt, das sie zur Jogging-Hose trägt, bei Lourdes auf ihrem Minikleid. Und ebenso funktioniert das mit Ringel-Shirt und Army-Hose. Das Problem an der Sache: Zwischen Mutter und Tochter liegen achtunddreißig Jahre. Was bei der einen süß aussieht, wirkt bei der anderen irgendwie seltsam. Dass Madonna ein gesteigertes Verlangen nach Jugendlichkeit hat, ist bekannt und bei ihrem Job auch nicht weiter verwunderlich. Aber das arme Kind! Kommt mit einem tollen Teil nach Hause und ruft fröhlich: *„Mutter, schau mal, was ich mir gekauft habe!“* – Und wird mit einem *„Ja, lässig. Habe ich auch schon!“* abgespeist. Kinder, insbesondere Pubertierende, sind nicht wie ihre Eltern und wollen auch nicht, dass ihre Eltern wie sie sind.

HEISSER SEX

Bleiben wir noch ein wenig bei der Pop-Diva, die sich gerne mit sehr jungen Männern schmückt. Zwar war die Beziehung zum brasilianischen Model Jesus Luz, den sie 2008 bei einem Fotoshooting in New York getroffen hatte, nur von kurzer Dauer, sorgte jedoch für Bewunderung, aber auch für Gespött. Dem 22-Jährigen gab sie immerhin einen ordentlichen Karriereschub und Madonna hatte angeblich endlich wieder glühend heißen Sex. Ebenso spöttische Blicke erntete Hollywood-Sexsymbol Demi Moore – sie wird in zwei Jahren die verflixte 50er-Grenze durchbrechen –, die als Role-Model der Cougar-Bewegung (ältere Frau und jüngerer Mann) galt, als sie auf ihrer Twitter-Seite Bikinifotos postete, die sie selbst mit dem Handy via Badezimmerspiegel aufgenommen und für die sie auch noch eine dunkle Sonnenbrille aufgesetzt hatte, wie man das eben so trägt im Badezimmer. Man möchte meinen, das sei an Peinlichkeit genug, doch es kam noch schlimmer: Bei einem Konzert von Snoop Dogg in Las Vegas stürmte sie voller Eifer die Bühne und schwang Haare und Hüften so aufreizend, dass sich selbst Ehemann Ashton für seine völlig enthemmte Frau fremdschämte.

KARRIEREKILLER

Weniger ist manchmal mehr: Diese Erfahrung musste auch Superstar Nicole Kidman machen, und für sie war es eine schmerzhafte. Die Unmenge Botox in ihrem Gesicht lähmt nicht nur ihre Falten, sondern auch ihre Karriere. Mit Gagen von bis zu zwölf Millionen Euro zählt sie zwar zu den bestbezahlten Schauspielerinnen Hollywoods, doch Kritiken und Einspielergebnisse sprechen eine andere Sprache. Die Presse zerriss Nicoles Darstellungen: Von „viel zu steif“ bis hin zu „völlig eingefrorenes Gesicht“ reichten die Beschreibungen. Das soll übrigens auch der Grund gewesen sein, warum sie eine Hauptrolle an Uma Thurman abgeben musste. Angesichts dieser Negativschlagzeilen ist es nicht verwunderlich, dass Kidman die Reißleine gezogen hat und nun nach einem Ausweg aus dem Karrieretief sucht. Die Haare nicht mehr feuerrot, sondern ein wenig dezenter; nicht länger streng aufgeknotet fallen die Locken neuerdings wieder weich über ihre Schultern – und die 44-Jährige wirkt gleich natürlicher. Wenn Nicole Kidman nun auch noch die Finger von den Botox-Exzessen lässt, darf man bald wieder mit ausdrucksvoller Mimik und einem Comeback der Hollywood-Diva rechnen.

Auch Frankreichs First Lady Carla Bruni schockierte schon bei manch offiziellem Auftritt mit einer Botox-Fratze, jammerschade, sie hätte ansonsten ein sehr hübsches Gesicht. Und das ehemalige Supermodel Karen Mulder rastete sogar komplett aus und attackierte ihren Dermatologen, als dieser ihr kein Botox mehr spritzen wollte.

Dabei wusste schon Coco Chanel, *„was eine Frau alt aussehen lässt – es ist der verzweifelte Versuch, jung auszusehen. Außerdem ist es dämlich – irgendwann glaubt es einem ja sowieso keiner mehr.“*

DIE DOPPELTE CHANCE

Es ist bekanntlich ein Jammer, dass die Jugend an junge Menschen vergeudet wird. Aber ein noch größerer Jammer, finde ich, ist es, wenn man seinen zweiten Frühling ebenso verschwendet wie den ersten: an 25-jährige Liebhaber (die einen schon als 22-Jährige mit ihrer Unerfahrenheit nervten), mit endlosen Partynächten (die schon während der Schulzeit nur einen Mordskater hinterließen), mit „lustigem Girl-Talk“ mit „alten“ Freundinnen (deren Beziehungsprobleme einem schon vor zwanzig Jahren nur Kopfschmerzen bereiteten) oder durch panischen Karrierestress (der einem schon mit dreißig einen Nervenzusammenbruch bescherte).

Wenn man schon noch einmal jung sein möchte, bevor man *tatsächlich* alt wird, dann besser auf erwachsene Art und ohne sinnlos die vorletzten Energien zu verpulvern. Beispielsweise, indem man einiges von dem nachholt, was man als Teenager, Twen oder Thirtysomething wirklich gerne gemacht hätte, aber nicht zuwege gebracht hat – mangels Geld oder Zeit, aus Unsicherheit, Ahnungslosigkeit oder weil es ganz einfach keine Gelegenheit dafür gab. Das können die Trapezklassen sein, für die seinerzeit die Eltern kein Verständnis hatten. Die Tour von New York nach Kalifornien, die sich während des Studiums nicht ausging. Die Theatergruppe, in die man sich nicht getraut hat, weil man Angst hatte, ausgelacht zu werden. Die Skiabenteuer, auf die man verzichtete, um keinen verletzungsbedingten Krankenstand zu riskieren. Die Ausbildung zur Schneiderin, die man nach der Geburt des ersten Kindes schweren Herzens aufgegeben hat. Oder all die Bücher, die man in den letzten Jahrzehnten gekauft hat und mit denen man sich endlich einmal ganz gemütlich und entspannt in die Leseecke zurückziehen möchte, die genau so eingerichtet ist, wie man es sich schon mit achtzehn gewünscht hat. Auch wenn Woody Allen in seiner wunderbaren Selbstironie natürlich recht hat und man mit den Jahren nicht klüger – im Sinne von intelligenter – wird, so weiß man doch viel mehr, ist organisierter und vor allem eigenständiger. Vor allem wenn der Nachwuchs flügge geworden ist und das Familienleben nicht mehr den Zeitplan dirigiert, liegt einer der ungemeinen Vorzüge des an sich ja gemeinen Älterwerdens in der ebenso grandiosen wie gewöhnungsbedürftigen Selbstbestimmtheit. Aber es ist nicht der einzige, wie Sie im Folgenden sehen werden.

GENIEREN SIE SICH NICHT FÜR IHR ALTER!

Vier Vorzüge, die Frauen erst ab vierzig entwickeln – und die jedes graue Haar wettmachen

ELEGANZ

Als 25-Jährige bin ich mir in einem klassischen, damenhaften Kleid unglaublich souverän vorgekommen. Aus heutiger Sicht habe ich wohl eher gewirkt wie ein Kind, das mit der Garderobe seiner Mutter Verkleiden spielt.

Wirklich ladylike ist man einfach erst, wenn man von der Mademoiselle zur Madame wird. Und die „gnädige Frau“ ist auch kein „gnädiges Gör“. Elegant auszusehen, gelingt schon deshalb in späteren Jahren leichter, weil man nicht mehr so viele Blicke auf sich zieht. *„Wirkliche Eleganz heißt, nicht ins Auge zu fallen, sondern im Gedächtnis zu bleiben“*, meinte Giorgio Armani einmal. Je augenscheinlich attraktiver und erotischer eine Frau ist, desto länger kann es dauern, bis sie dieses Ziel erreicht.

ERFAHRUNG

„Ich bin eine Frau mit Vergangenheit“, sang Zarah Leander vor fast hundert Jahren und das Lied avancierte zum Welthit. Ob sie mit „Ich bin eine Frau mit Zukunft“ genauso erfolgreich gewesen wäre, halte ich für fraglich. Denn das, was man erlebt hat – romantische Liebesgeschichten, tragische Schicksale, verrückte Wagnisse, amouröse Abenteuer, die Folgen völlig falscher Entscheidungen –, löst immer weit mehr Neugierde und Faszination aus als das, was man vielleicht noch vor sich hat. Wenn man genügend Lebenserfahrung gesammelt hat, langweilt man niemanden mehr mit seinen Luftschlössern, sondern weiß echte Geschichten zu erzählen. Und man hat aus seinen Erfolgen und Enttäuschungen gelernt. Anstatt sich mit jüngeren Frauen zu vergleichen, kann man das Wissen, das man erworben hat, an sie weitergeben. Das verleiht dem eigenen Leben eine zusätzliche Sinnhaftigkeit, die das Selbstbewusstsein stärkt,

ohne dass man sein eigenes Ego dazu in den Vordergrund stellen müsste. Anstatt nach vorne zu drängen, um den Eigenwert zu erhöhen, braucht man einfach nur zurückzuschauen.
Nach wie vor fasziniert es mich, Frauen zu treffen, die um einiges älter sind als ich, haben sie doch viel Lebenserfahrung; ich kann von ihnen nur lernen. Wenn meine Mutter und ihre Freundinnen beisammensitzen, geselle ich mich gerne dazu; nicht nur weil ich mich dann wie eine junge Frau fühle, sondern weil ich bei meiner Mutter für immer Tochter und Kind sein kann.

AUGENBLICKE BEWUSST AUSKOSTEN

Auch wenn ich mir das vor zwanzig Jahren noch nicht vorstellen hätte können: Einen ganzen Samstagabend gemütlich in bequemen Schlabberkleidern auf dem Sofa zu verbringen, kann einem mehr Sex-Appeal verleihen, als topgestylt von einem Event zum nächsten zu hetzen. Männer empfinden letztlich jene Frau am attraktivsten, die das Zusammensein mit ihnen rundum genießt: beim gemeinsamen Abendessen, im Gespräch oder auch schweigend nebeneinander im Auto. Die Fähigkeit, solche Momente der Zweisamkeit wirklich auszukosten, hat man weder als blutjunges Partygirl noch als gestresste Mutter eines Kleinkindes und auch nicht in den Jahren, in denen man schnell noch Karriere machen muss, bevor es zu spät ist, sondern erst dann, wenn man all das hinter sich gebracht hat und schon ein wenig zur Ruhe gekommen ist.

ZEICHEN DER REIFE

Mit manchen Schönheitsfehlern wird man geboren. Andere „schenkt“ einem das Leben. Wer sie ablehnt, nimmt zusätzliche Kummerfalten in Kauf. Umtauschen? Das ist eben nicht möglich. Am gescheitesten ist es, das Beste aus seinem neuen Selbst zu machen. Und für den einen oder anderen Makel sogar „danke“ zu sagen.

FALTEN FREILASSEN

Früher hieß es: Ab vierzig muss sich eine Frau entscheiden, ob sie über oder unter dem Tisch gut aussehen möchte. So ein Blödsinn! Eine schlanke Linie und ein glattes Gesicht schließen einander doch nicht aus. Im Gegenteil: Wer sich figurfreundlich ernährt, häufig Fisch, wenig Fleisch sowie reichlich Obst und Gemüse isst und die Speisen mit bestimmten pflanzlichen Ölen – wie Lein-, Raps- oder Maiskeimöl – zubereitet, bekommt weniger Runzeln im Gesicht als jemand, der Dickmacher aus viel Zucker, Fleisch und Fast Food verzehrt. Es empfiehlt sich auch, regelmäßig Ausdauersportarten zu betreiben, das verbessert die Durchblutung des Körpers ungemein.

Wer zudem noch gut drei Liter Wasser pro Tag trinkt, für kontinuierlichen UV-Schutz sorgt, täglich Gesichtsgymnastik macht, auf eine gute Haltung achtet, mindestens sieben Stunden pro Tag schläft, nie aufs Abschminken vergisst, kaum Alkohol trinkt und auf das Rauchen

verzichtet, kann die Faltenbildung zusätzlich um einige Jährchen hinauszögern.
Klingt nach viel Arbeit und wenig Spaß? Finde ich, ehrlich gesagt, auch. Zumal man früher oder später ohnehin akzeptieren muss, dass sich die Landkarte des eigenen Lebensweges irgendwo zwischen Oberstirn und Unterkinn abzeichnet. Wichtiger als die Frage, ob man Falten bekommt, ist daher letztlich jene, welcher Art sie sind. Feine Lachfältchen um die Augen oder um die Mundwinkel lassen einen eher sinnlich als alt erscheinen. Sie vermitteln dem Gegenüber: Mit dieser Frau kann man lachen, die hat Freude am Leben.
Deshalb braucht man seine Fältchen auch nie unter dicken Schichten von Schminke zu verstecken. Mit zunehmendem Alter sollte man eigentlich weniger Make-up tragen, da ein Zuviel leicht maskenhaft aussehen kann. Am besten ist es, *entweder* die Augen schön dunkel zu schminken *oder* roten Lippenstift zu verwenden. Ebenfalls lässig ist es, wenn man nur mit Abdeckstift und etwas Make-up einen schönen Teint zaubert – dann noch die Haare streng zurück. Nichts kaschieren, nichts verstecken! Ganz nach dem Motto: That's me. Take it or leave it!

STRAHLEND WEISS WERDEN

Angeblich sollen Essigspülungen das Ergrauen verlangsamen. Ob das stimmt, weiß ich nicht, eine Essigspülung verleiht den Haaren aber mit Sicherheit mehr Glanz. Wissenschaftlich erwiesen ist jedenfalls, dass der Farbverlust genetisch bedingt und der Zeitpunkt seines Einsatzes daher vererbbar ist. Spätestens mit fünfundsechzig sind trotzdem so gut wie alle Frauen und Männer grau- oder, wenn bereits alle Farbpigmente verloren gegangen sind, weißhaarig. Soll man dann zur Fremdfarbe greifen? Nicht unbedingt. Meine Freundin, die bekannte Haarkünstlerin Odile Gilbert – sie arbeitet für Karl Lagerfeld und auch für die Regisseurin Sofia Coppola – meint: *„Graue und weiße Haare sind oft sehr schick. Ich habe einmal für eine Chanel-Show alle Mädchen weiß gefärbt. Das sah toll aus. Was man auf keinen Fall machen sollte, ist, sie zu dunkel zu färben. Dunkles Haar kann dein Gesicht härter aussehen lassen. Insofern können weiße Haare dich sogar verjüngen."* Sie vertritt auch keineswegs die Meinung, dass man ab einem gewissen Alter kurze Haare tragen sollte: *„Ältere Frauen mit langem Haar wirken sehr elegant. Haare sind Teil des Körpers und schon allein dadurch etwas Besonderes. Sie sind der augenfälligste Schmuck einer Frau. Ob man will oder nicht: Man* muss *sich mit ihnen auseinandersetzen. Jeder Mensch legt Wert auf sein Erscheinungsbild. Wenn man ehrlich ist, geht es doch stets um Verführung. Selbst eine Großmutter möchte verführerisch aussehen."*

AUF DEN PUNKT KOMMEN

In Sommersprossen sind viele verschossen. Die mit ihnen verwandten Fleckchen, die spätestens mit fünfzig jede zweite Frau bekommt, liebt kaum jemand, vor allem wenn es die eigenen sind. Warum eigentlich? Weil man sie als „Altersflecken“ bezeichnet? Nennen wir sie doch einfach „Wintersprossen“, „Weisheitspunkte“ oder „Sonnenflecken“; schließlich entstehen sie durch UV-Licht, erinnern uns an sonnige Zeiten und schenken uns das ganze Jahr über einen Hauch von Sommerbräune. Wenn ich auf meine schaue, denke ich mit warmem Herzen an die Hände meiner Großmutter.

EINE DICKE HAUT ZULEGEN

Die meisten kennen Hornhaut nur an den Füßen, doch bei manchen sind auch die Hände davon betroffen. In jedem Fall gilt: Cremen, cremen, cremen! Denn wer die rauen, verdickten Stellen nicht ausreichend pflegt, muss mit rissigen Fersen und Fingerspitzen rechnen. Einen Vorteil hat die dicke Haut dennoch: Man kommt in den Genuss von wohltuender Mani- und Pediküre. Wer sich bislang nicht in professionelle Hände begeben hat, wird sich spätestens jetzt dafür entscheiden. Und erfahren, wie man sich für wenig Geld eine wahre Wohltat gönnen kann.

Humorvolle Weisheiten über das Älterwerden gibt es dabei manchmal inklusive: In New York hat einmal eine asiatische Maniküristin auf meine Frage, warum meine Nägel neuerdings so seltsame Rillen haben, schmunzelnd gemeint: *„Face gets wrinkles, nails get wrinkles“*, also: *„Das Gesicht bekommt Falten, die Nägel bekommen Falten.“* Zum Glück gibt es spezielle Unterlacke, die diese Unebenheiten wieder ausgleichen. Und auch Kieselerde hilft.

AUF DEN BAUCH KLOPFEN

In jungen Jahren nimmt man als Frau eher an Po und Hüften zu. Wenn der Östrogenspiegel zu sinken beginnt, ändert sich das. Überschüssige Kilos lagern sich nun vor allem in der Bauchgegend an und können oft nur mit eiserner Disziplin wegtrainiert werden. Wer sich den sportlichen Stress nicht antun will, kaschiert sein Bäuchlein am besten mit weich fallenden Kleidern oder luftigen Tops im Empirestil. Und freut sich darüber, dass die Pölsterchen auch ihre guten Seiten haben: Sie speichern weibliche Sexualhormone, was zur Folge hat, dass Ladies mit Bauch seltener unter Wechselbeschwerden leiden.

DIE EIGENE NASE RIECHEN KÖNNEN

Natürlich ist es ein Ammenmärchen, dass Nase und Ohren ein Leben lang wachsen. In Wahrheit lassen die schlaffer gewordenen Wangenmuskeln sie nur ein Stück weiter herausragen. Ist das schlimm? Eigentlich nicht. Die Gesichtszüge verändern sich dadurch ja nicht. Sie werden nur markanter. Wenn man sich schon zuvor mit ihnen angefreundet hat, stört es einen auch weniger, wenn sie „deutlicher sichtbar" werden.

SICH ZU DÜNNEN LIPPEN BEKENNEN

Während Nase und Ohren mit dem fortschreitenden Alter zunehmend größer wirken, scheint ein anderes Organ des Gesichts mit den Jahren zu schwinden: Die Lippen werden schmäler. Ein Grund, die Mundwinkel hängen zu lassen, ist das aber noch lange nicht – vielmehr einer, ein bisschen mit neuestem Make-up herumzuexperimentieren. Wenn man dünne Lippen mit knalligem Lippenstift und scharf gezeichneten Konturen betont, kann das so betörend aussehen wie bei Isabelle Huppert oder der deutschen Stummfilm-Schönheit Brigitte Helm aus Fritz Langs *Metropolis*.

SICH KEINE BEINE MACHEN LASSEN

Besenreiser sind genetisch bedingte Erbstücke. Ich habe meine leider schon mit dreiundzwanzig „vermacht" bekommen. Man kann sie veröden lassen – aber bei mir kehren sie wieder. Im Sommer hilft die Bräune, ab Herbst eine blickdichte „Velvet de Luxe"-Strumpfhose in Schwarz von Wolford. Dieses Modell trage ich schon seit meinem 23. Lebensjahr. Sehr empfehlenswert!

DEN BUSEN HOCHLEBEN LASSEN

Die Schwerkraft hat unbestreitbar viele Vorteile: Man kann sich einen Caffè Latte einschenken, ohne dass einem dabei Milch und Espresso um die Ohren fliegen. Oder in einer Sommerwiese liegen, ohne sich an den Gänseblümchen festkrallen zu müssen. Die am eigenen Körper spürbaren Nachteile entfalten sich häufig erst ab einem gewissen Alter, etwa beim Öffnen des Büstenhalters. Selbst der wohlgeformteste Busen gerät aus der Fassung, wenn das Gewebe, das ihn hält, vom jahrelangen Gewichtheben müde geworden ist. Ein gut stützender Büstenhalter, Massageöle und Cremen, die die Durchblutung anregen, sowie eine aufrechte Körperhaltung können dann mithelfen, ebenso das Ausüben von Sportarten, bei denen die Muskeln des Oberkörpers trainiert werden, wie zum Beispiel Schwimmen. Das Gute daran: Die eigene Eitelkeit treibt einen dazu, das zu tun, was man aus dem Bedürfnis nach Entspannung immer schon tun wollte, aber aus Zeitgründen ewig verschoben hat: regelmäßig ins Hallenbad zu gehen. Nützt das alles nichts, stellt sich natürlich irgendwann die Frage, womit man sich eher anfreundet: mit der Schwerkraft oder mit dem Gedanken an eine Schönheitsoperation?

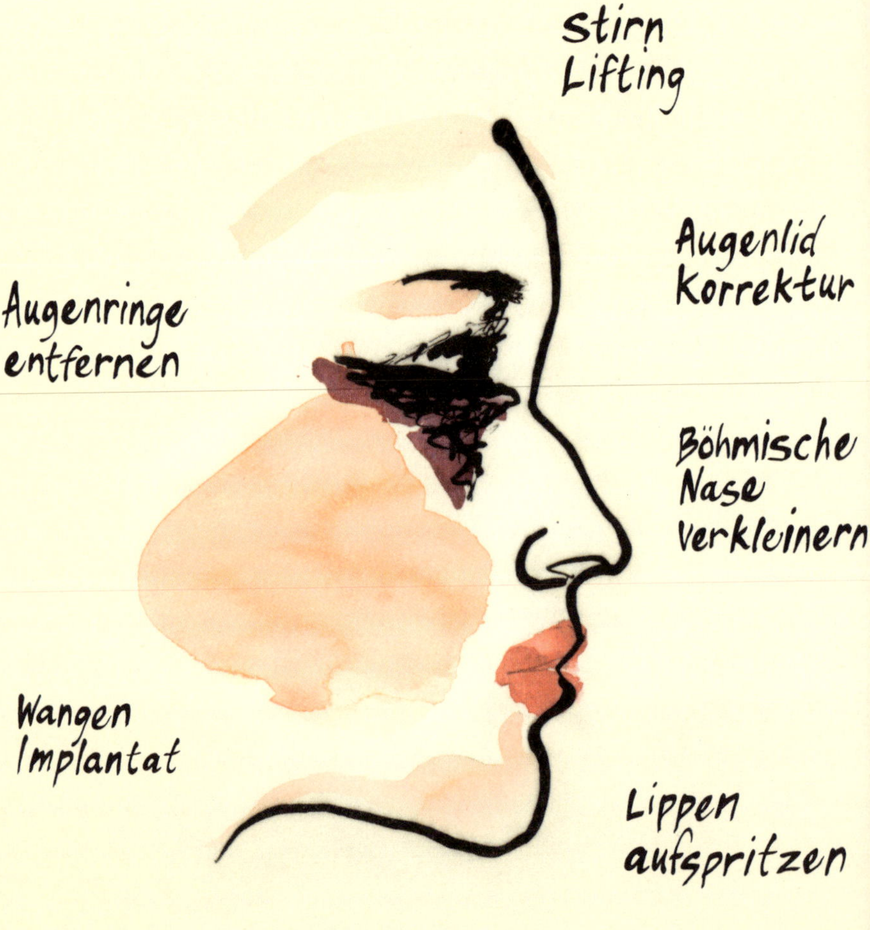
Stirn Lifting
Augenlid Korrektur
Augenringe entfernen
Böhmische Nase verkleinern
Wangen Implantat
Lippen aufspritzen

AUF MESSERS SCHNEIDE

Denn sie fliegen wie mit
Engelsflügeln immer auf
den ersten besten Mist.
Selbst das Schienbein
würden sie sich bügeln!
Und sie sind auf keine Art
zu zügeln, wenn sie hören,
dass was Mode ist.
– Erich Kästner

Hätte ich in meinen Anfangszeiten als Model auf den einen oder anderen Österreicher gehört, würde ich heute ganz anders ausschauen: eine kleine Nase, keine Augenringe und die Beine würden schlanke Waden zeigen. Karriere hätte ich allerdings nicht gemacht. Niemals werde ich den Satz vergessen, den mir dazumal eine heimische Designerin entgegenschleuderte, nachdem sie mich von oben bis unten gemustert hatte, um herauszufinden, ob ich überhaupt würdig sei, ihre Kleider zu tragen: *„Waunnst da dei behmische Nos'n operierst, daunn*

nimm i di." Die „böhmische Nase" ließ ich mir natürlich nicht nehmen.
Heute wird die ästhetische Chirurgie zunehmend populärer. Eigentlich verwunderlich, wie viele Menschen mit ihrem Erscheinungsbild unzufrieden sind. In jungen Jahren hat das wohl viel mit Unsicherheit zu tun. Viele glauben auch, dass sie gewisse Probleme durch eine andere Nase oder einen größeren Busen loswerden. Wer sich operieren lassen will, den soll man nicht davon abhalten. Ich persönlich fände es zielführender, sich auf wesentlichere Themen zu konzentrieren, die für die Ausstrahlung von Schönheit mindestens genauso wichtig sind wie eine gerade Nase, volle Lippen oder ein straffer Busen. Dieses künstlich geschaffene Idealbild des perfekten Körpers hat mich immer schon nervös gemacht und entspricht in keinster Weise meiner eigenen Definition von Schönheit. Und so banal es auch klingen mag: Aber was ist schon der perfekte Körper?
In der Welt der Models habe ich in den 80er-Jahren so manch Kurioses mitverfolgt. Schönheitsideale waren damals Mädchen wie Cindy Crawford oder Claudia Schiffer. Beide galten als absolute Überfrauen. Und plötzlich brach es wie eine Epidemie aus: Viele Models ließen sich ihren Busen vergrößern. Auf einmal war es wieder „in", mit „Holz vor der Hütte" zu posieren. Kurz darauf tauchte Kate Moss auf und schon war es wieder vorbei mit den üppigen Dekolletés. Und so manches Busenwunder unter den Kolleginnen war auf einmal wieder flach wie ein Brett.

Ist der Schritt zur ästhetischen Chirurgie wirklich mit einem Zahnarztbesuch vergleichbar? Ich persönlich habe meinen Körper nie als etwas empfunden, an dem ich ständig zu arbeiten habe und das mir zur Last fällt. Als ich jung war, fühlte ich mich innerlich oft so durcheinander und hässlich. Ein Blick in den Spiegel hat mich dann – wenn auch nur für kurze Zeit – zumeist beruhigt, weil mir ein glattes, klares Gesicht entgegenschaute, das so gar nicht ausdrückte, wie ich mich fühlte.

Je älter ich werde, umso fröhlicher und leichter fühle ich mich. Wenn ich allerdings an schlechten Tagen in den Spiegel schaue, muss ich mich manchmal wundern: Wer ist das, der mir da entgegenschaut? Hat diese Person etwas mit mir zu tun? Tatsächlich. Das bin ich. Jetzt, mit achtundvierzig Jahren. Oft gefalle ich mir nicht und genauso wie damals, als ich jung war, wundere ich mich darüber, wie wenig mein Spiegelbild mit meinem Selbstbewusstsein übereinstimmt.

Dann ziehe ich an meinem Gesicht herum, glätte mir die Stirn, schiebe meine Haut rauf und runter, experimentiere, wie ich besser aussehen könnte. Mit einigen Injektionen Botox und ein paar Liftings da und dort wäre das sicher kein Problem. Aber abgesehen davon, dass mich allein schon der Gedanke an Spritzen oder eine Operation in Angst und Schrecken versetzt, erscheint mir dieser Weg ganz einfach unwürdig. Zumindest im Privatleben möchte ich nicht über mein Äußeres definiert werden.

Es stellt sich auch die Frage, wo man anfangen und wo

man aufhören soll. Mein ästhetischer Sinn sagt mir, dass man, einmal angefangen, gnadenlos weitermachen muss, damit die Harmonie und das Gleichgewicht erhalten bleiben. Was nützt ein glattes Gesicht, wenn die Hände dann doch so alt ausschauen, wie sie sind? Was bringt ein flacher Bauch, wenn Busen, Hintern und Oberschenkel auf ein fortgeschrittenes Alter deuten? Diesen Wettlauf kann man nicht gewinnen.

Auch stelle ich mir vor, dass es maßlos anstrengend sein muss, sich ständig mit Fehlern und deren bestmöglicher Korrektur auseinanderzusetzen. Dazu kommt noch eine wesentliche Frage: Woher nimmt man die Zeit dafür? Vom Geld ganz abgesehen. In den USA werden jährlich 100 Milliarden Dollar für Diäten ausgegeben; dazu ein Vergleich: 60 Milliarden sind es für die Bildung.

Ich lebe seit zwanzig Jahren in Los Angeles. Was man da an (schlecht gelaufener) plastischer Chirurgie – also an „Verhässlichung" – sieht, ist schauerlich. Jedes Mal, wenn ich nach Europa komme und mir die Frauen hier anschaue, erfreue ich mich an deren Natürlichkeit. Sie waren mir immer ein gutes Beispiel und Quell der Inspiration. Viele europäische Frauen denken und leben, wie es ihnen gefällt, und können auch Essen und Trinken noch so richtig genießen. Hier scheinen die Werte nicht in erster Linie auf dem Äußeren zu liegen. Noch – denn es ist bereits schmerzvoll mitanzusehen, wie sich das zu verändern beginnt. Ungeachtet dessen, dass in den USA schon ein Gegentrend eingesetzt hat und es auf einmal Schauspielerinnen gibt, die keine Rollen mehr bekom-

men, weil das Botox ihrem Gesicht den letzten Rest an Ausdruckskraft geraubt hat!
Vielleicht geht es ohnehin darum, sich nicht zu sehr mit seiner eigenen, sondern mit der Schönheit von anderem, in der Kunst, in der Natur oder von unserem jeweiligen Gegenüber zu beschäftigen, um sich selbst schön zu finden. Es ist zwar ein alter Hut, aber es stimmt: Wenn man sich gut fühlt, dann schaut man auch gut aus. Also warum nicht daran arbeiten, dass man sich wohlfühlt?
Die französische Autorin Françoise Sagan drückte ihre Sicht dazu mit folgenden Worten aus: *„Es gibt ein Alter, da muss eine Frau schön sein, um geliebt zu werden, aber dann kommt irgendwann einmal die Zeit, wo sie geliebt werden muss, um weiter schön zu sein."*

DIE KRAFT DER SCHÖNHEIT

Geliebt wird, wer sich selbst liebt. Obwohl moderne Frauen das aus hunderten Lebenshilfe-Ratgebern wissen, (scheinbar) selbstbewusster geworden sind und sich nicht nur über Sex-Appeal definieren, nimmt die Zahl der Schönheitsoperationen nicht ab. Auch wenn übertriebenes „Pimpen" des Körpers heute als vulgär gilt: Laut einer Studie der American Society of Plastic Surgeons legten sich allein in den USA im letzten Jahr Frauen 1,9 Millionen Mal unters Messer; der gefragteste Eingriff ist immer noch die Brustoperation.
Das Äußere scheint im Medienzeitalter wichtiger denn je zu sein. Es ist kein Klischee, sondern empirisch nach-

weisbar, dass gut aussehende Menschen die besseren Jobs, die höheren Gehälter und die schnelleren Aufstiegsmöglichkeiten bekommen – das gilt übrigens für beide Geschlechter. Selbst bei Säuglingen ist das schon zu beobachten: Hübschen Babys wird von ihrem Umfeld mehr Zuwendung geschenkt als weniger attraktiven. Warum wir durch Schönheit so stark manipulierbar sind? Weil wir das Schöne unwillkürlich mit dem Guten gleichsetzen.

Beim weiblichen Gesicht sind die wichtigsten Faktoren, um attraktiv zu wirken, eine glatte Haut, Symmetrie, eine klare Gesichtsidentität, aber auch eine gewisse Kindlichkeit. Eines der stärksten Schönheitsattribute ist Jugendlichkeit; das kennen wir insbesondere aus der Kunst und der Literatur, wo Schönheit mit Vergänglichkeit assoziiert wird.

In unseren Vorstellungen von Schönheit sind wir aber stets der gegenwärtigen Mode unterworfen, wobei man zwischen Körper und Gesicht unterscheiden muss. Der Körper ist modischen Trends stärker ausgesetzt. Die Schwankungsbreite ist enorm: vom Nymphchen in der Renaissance bis zum Vollweib im Barock. Ebenso launenhaft ging es im letzten Jahrhundert zu: Die Überfrauen der 1980er-Jahre wurden vom genauen Gegenteil, dem Heroin-Chic einer Kate Moss, abgelöst.

ZUR GESCHICHTE DER SCHÖNHEITSOPERATION

Historisch betrachtet gab und gibt es keine Gesellschaft, die nicht auf die ein oder andere Art und Weise versuchte, das Erscheinungsbild des Körpers zu optimieren. Der Inder Sushruta (4./5. Jh. v. Chr.) gilt als Vater der plastischen Chirurgie. Er dokumentierte die damals gängigen Praktiken, die bis zu diesem Zeitpunkt nur mündlich überliefert worden waren, und führte eine ganze Reihe von Eingriffen wie Nasenkorrekturen, Augenoperationen oder Knochentransplantationen durch. Verbrechern wurde in Indien mitunter die Nase abgeschnitten, die „ästhetische Chirurgie" sorgte dafür, dass aus der Stirnhaut eine Nase nachgebildet wurde. Aber auch in China, Ägypten, Byzanz, Griechenland und im Römischen Kaiserreich kannte man bereits therapeutische Methoden zur Rekonstruktion verletzter Körperteile.

Insbesondere die Nase spielt in der Geschichte der Schönheitsoperation eine wichtige Rolle; da sie im Zentrum des Gesichtes liegt, wurde sie von jeher stark ideologisiert. Die erste nachgewiesene und illustrierte Nasenkorrektur geht auf das Jahr 1597 zurück.

Bis in die frühe Neuzeit waren Eingriffe fast

immer religiös motiviert, so etwa die Beschneidung oder die Tätowierung. Erst in der Renaissance hat sich die Medizin von den Religionen und ihren rituellen Praktiken abgekoppelt. An der ablehnenden Haltung der Kirche gegenüber solchen Methoden zur Verschönerung änderte dies freilich nichts, galt doch die Eitelkeit als eines der Hauptlaster, da die Sorge um die eigene Attraktivität, so hieß es, den Menschen vom Denken an Gott ablenkte.

Einen Beitrag zur Geschichte der Schönheitschirurgie leistete auch Leonardo da Vinci: Er beschäftigte sich intensiv mit menschlicher Anatomie und beeinflusste mit seinen Studien die Herausbildung des klassischen Schönheitsideals.

1897 gab es bereits Methoden, um die weibliche Brust zu verkleinern. Die erste Bauchdeckenstraffung wurde 1899 durchgeführt. Die ältesten Veröffentlichungen über die Gesichtsstraffung, ein weiteres Feld der Schönheitschirurgie auch in der Moderne, datieren aus dem Jahr 1901 und werden dem Arzt Erich Lexter zugeschrieben. Die erste dokumentierte Fettabsaugung fand 1929 statt. Und ab 1962 wurden Silikonimplantate für Brustvergrößerungen entwickelt.

Wie so viele zeitgenössische Superstars war Marilyn Monroe eine von Hollywoods Studiobossen erfundene Kunstfigur, samt Schönheitsoperationen an Nase und Kinn. Und Marilyns erotische Sprechweise mit den gehauchten Vokalen war das Ergebnis eines intensiven Trainings zur Überwindung ihres Stotterns. Keine Ausnahme machte auch die göttliche Marlene Dietrich: Sie hatte sich zahlreichen Schönheitsoperationen unterzogen, bevor sie zur anbetungswürdigen Leinwandgöttin wurde.

SCHÖN SIND IMMER DIE ANDEREN: EIN IRRTUM

Es ist nun mal so: Jeder will das, was er nicht hat. Das ist einerseits logisch, denn das, was man bereits hat, braucht man ja nicht mehr zu wollen, andererseits ein bisschen traurig, weil es ein Zeichen von Unzufriedenheit ist. Insbesondere, wenn es um das eigene Äußere geht, denn dann bedeutet es, dass man mit sich selbst hadert. Kurvenstarke Sexbomben schießen neidische Blicke auf knabenhafte Kindfrauen, die wiederum jammern, dass sie zu wenig Po und Busen haben. Brünette wären gern blond, während Blondinen sich auf Rot umfärben lassen. Hellhäutige Europäerinnen mit makellosem milchfarbenem Teint riskieren Hautkrebs erregende Sonnenbrände und Allergiepickel, um eine kaffeefarbene Tönung anzunehmen. Dunkelhäutige Asiatinnen bleichen in der Zwischenzeit mit gesundheitsschädigenden

Mitteln ihr Gesicht. In Korea lässt sich jede zweite Frau ihre wunderschönen Mandelaugen operieren, um den „westlichen Blick" zu bekommen. Frauen mit seidigen, langen, glatten Haaren verbringen Stunden damit, jede einzelne Strähne mit dem Lockenstab zu malträtieren, während Krausmähnige sich tonnenweise hautreizende Glättungsmittel in die Haare schmieren. Oder Perücken aus Fernost aufsetzen. Menschliches Haar, das lehrt uns Chris Rocks sehenswerter Dokumentarfilm *Good Hair,* ist mittlerweile Indiens größtes Exportgut. Hindu-Frauen, die sich als Opfergabe den Kopf kahlscheren lassen, haben zumeist keine Ahnung, dass ihre Zöpfe auf der anderen Seite des Erdballs für teures Geld an Afroamerikanerinnen verkauft werden, die mit diesen „europäischer" wirken wollen.

Natürlich ist Veränderung erlaubt, Abwechslung erwünscht und Weiterentwicklung immer zu begrüßen. Aber fällt ein Silikonbusen wirklich in die Kategorie „mal was anderes"? Wird man mit einer strafferen Stirn zu einem besseren Menschen? Verschwinden bei einer Fettabsaugung neben der Cellulite auch alle Eheprobleme, die man hat? Oder versucht man damit nur, die eigenen Zweifel auszutricksen: die Angst, dass man so, wie man wirklich ist, zu wenig geliebt werden könnte.

BOTOX FÜR DIE BEZIEHUNG?

Gleich vorweg: Wenn eine Frau ihren übergroßen Busen hasst, weil sein Gewicht sie bei jedem Schritt zu Boden zieht, oder ihr die viel zu lange Nase bei der Selbstfindung im Weg steht, dann kann ihr ein chirurgischer Eingriff unter Umständen helfen, sich selbst wieder lieb zu haben – und dadurch auch für andere liebenswerter zu erscheinen. Wenn sie ihre Brüste aber im Grunde genommen schön oder ihren „lustigen Rüssel" charakteristisch und originell findet, dann gibt es keinen, aber wirklich *gar* keinen Grund, etwas daran zu ändern. Sich nur operieren zu lassen, um einem Mann zu gefallen, erscheint mir so, als gebe man für eine Partnerschaft einen Teil seiner Persönlichkeit für immer auf. Und das kann nicht gut gehen. Auch wenn man ohne kleine Kompromisse nicht auskommt – auf einschneidende Veränderungen sollte man verzichten, denn eine Beziehung kann auch trotz Silikon zu Ende gehen. Der Busen, den man vielleicht gar nicht wollte, aber bleibt. Ebenso wie das Botox im Gesicht. Und seien wir uns ehrlich: Ein Mann, der darauf besteht, dass eine Frau ewig jung aussieht, mag in seinem Leben noch vieles vorhaben, aber eines vermutlich nicht: mit ihr alt zu werden.

DER GOLDENE (HAAR-)SCHNITT

Um frischen Wind ins eigene Äußere – und vielleicht auch in einen leicht verstaubten Beziehungsalltag – zu bringen, braucht man sich nicht gleich unters Messer zu legen. Oft reicht schon eine Schere. Eine, die ein begabter Figaro dirigiert, der die über die Jahre gewohnte und nunmehr langweilig gewordene Frisur ebenso radikal wie gekonnt verändert – und einer Frau ein völlig neues, schickes und jugendlicheres Aussehen verpasst. Natürlich bemerken Männer so gut wie nie, dass ihre Liebste einen neuen Haarschnitt hat. Aber die Eigenliebe lässt sich damit perfekt auffrisieren. Und sollte man mit dem Ergebnis nicht zufrieden sein: Gekürzte Haare wachsen nach. Haut, die man wegschneidet, wenn überhaupt, nur sehr, sehr langsam.

Ein guter Schnitt vermag vieles, wie etwa Stirnfalten zu kaschieren oder einem Gesicht eine ganz andere Fasson zu verleihen. Eine raffinierte Frisur lässt dünner gewordenes Haar auch wieder voller erscheinen. Und kostet viel weniger als eine künstliche Verdichtung.

Ich persönlich bin kein großer Fan von Extensions. Sie sind sicher eine gute Sache, wenn man extrem dünne oder sehr langsam wachsende Haare hat und sich sehnlichst auch einmal mit einer langen Löwenmähne sehen und zeigen möchte. Trotzdem bin ich ihnen gegenüber ein wenig skeptisch, weil ein Mensch, der einem liebevoll durchs Haar streichen will, die „Anschlussstellen“ spürt. Oder vielleicht sogar erschrocken daran hängen bleibt. Die Gefahr, dass man dabei selbst erschrickt und danach nicht mehr am Kopf berührt werden möchte, ist gegeben. Und das fände ich schade, denn das Gefühl, das einem durch solch zärtliche Liebkosung zuteil wird, ist letztlich wohltuender als sämtliche bewundernden Blicke ob der Frisur.

SCHUMMELN STATT SCHNIPSELN

Kleine Tricks jedoch erweisen sich oft als äußerst hilfreich. Und mit dem ein oder anderen ausgeklügelten Kniff lassen sich großartige Effekte erzielen. Was das angeht, kann man insbesondere von Stylisten viel lernen. Im Modelbusiness sind spontane „Eingriffe" kurz vor dem Fotoshooting an der Tagesordnung. Da wird ein (diät-)müder Busen schnell mit Klebeband aufgepäppelt oder es werden leichte Schatten auf den Brustansatz gemalt, damit das Dekolleté voller wirkt. Auch raffiniert gearbeitete Push-up-Büstenhalter, wie die ausgeklügelten Wonderbras, unterstützen einen dabei, die Kurve(n) zu kratzen, ebenso ausgepolsterte Slips, die einen prallen Popo zaubern. Das ist übrigens nicht peinlich, sondern filmreif: Penelope Cruz trug sie im Kinohit *Volver* von Almodóvar, Beoncé Knowles in vielen ihrer Musikvideos. „Popo-Kult" ist in den USA ja gerade enorm angesagt.

Und auch im Gesicht wird „gecheated". Für Fotos klebt man oft die Augen „katzenhaft": rechts und links bei den Schläfen und beim Haaransatz. Das lässt sich natürlich einen ganzen Dinnerparty-Abend lang schwer verheimlichen, weshalb diese Methode fürs Privatleben nicht wirklich empfehlenswert ist. Im Übrigen kommt dieser Kniff in Zeiten immer ausgefeilterer Bildbearbeitung langsam aus der Mode. Schließlich lassen sich Pics heute wunderbar retuschieren.

„BILD-SCHÖN“? WIE FOTOS LÜGEN

Der Teint: blütenrein. Das Gesicht: faltenfrei. Die Figur: perfekt. So strahlen uns Models, Hollywood-Stars, Musikgrößen aller Altergruppen aus Zeitungen und Modeheften entgegen. Man braucht gar nicht viel über Medien zu wissen, um nach einem Augenblick des Nachdenkens festzustellen, dass da etwas nicht stimmen kann. Ist es wirklich möglich, dass eine vierfache Großmutter die Haut einer 20-Jährigen hat? Oder den Busen eines Teenagers? Natürlich nicht!

Wenn jemand auf einem Foto wirkt wie hingemalt, dann ist er das in den meisten Fällen auch: von Computerprogrammen wie Photoshop. Da werden von geschickten Grafikern Pickel, Fältchen und rote Äderchen „weggeputzt“, Taillen verschmälert oder sogar Beine verlängert. Auf diese Weise kann jede Frau schön sein – auch ohne Operation. Übrigens ist diese Schummelmethode gar nicht so neu. Schon lange vor dem Computerzeitalter wurden Menschen in Ölgemälden „schön gezeichnet“ oder von Bildhauern besser in Form gebracht. Ein berühmtes Beispiel dafür ist der *Kopf der Livia,* der dritten Ehefrau des römischen Kaisers Augustus. Die hoch gestellte Dame gab ihr Porträt frühestens 14 n. Chr. in Auftrag, zu diesem Zeitpunkt war sie siebzig Jahre alt. Doch ihr steinernes Abbild zeigt die glatte Haut einer jungen Frau, nur an der Verteilung der Fettpolster im Gesicht erkennen Experten das wahre Alter der in Stein gehauenen Diva Augusta.

WIE VIEL KÜNSTLICHE KORREKTUREN KOSTEN …

… und ein Vergleich, was man mit dem Geld stattdessen machen könnte

HAARTRANSPLANTATION *ca. 1.500 Euro*

Einen großen Obstgarten mit Apfelbäumen der besten Sorte pflanzen

LIPLIFTING *ca. 1.300 Euro*

Hundert Lippenstifte in den schönsten Rottönen kaufen

AUGENLIDKORREKTUR *ca. 1.000 Euro*

An „Licht für die Welt" spenden – und drei blinde Menschen wieder sehend machen

OHRENKORREKTUR *ca. 900 Euro*

Mit einem wirklich guten Abonnement vier Jahre hindurch Konzerthaus-Veranstaltungen genießen

NASENKORREKTUR *ca. 1.800 Euro*

Fünf Jahre lang einen Spanisch-Sprachkurs besuchen – und sich alle Filme von Pedro Almodóvar im Originalton anschauen

BRUSTVERGRÖSSERUNG *ca. 3.000 Euro*

Mit einem Round-the-World-Ticket um die ganze Welt fliegen

FETTABSAUGUNG *ca. 1.500 Euro*

Einen Golden Retriever aus bester Zucht zulegen (und täglich mit ihm spazieren gehen)

FACELIFTING *ca. 3.000 Euro*

Eine Kleinwohnung komplett renovieren

KRAMPFADERN ENTFERNEN *ca. 500 Euro*

Sich zehn Paar sexy Seidenstrümpfe gönnen; die halten nicht ewig, aber oft länger, als die Krampfadern fernbleiben

SCHAMLIPPENKORREKTUR *ca. 1.000 Euro*

Mit einer Überweisung an die Kindernothilfe den Kampf gegen die Genitalbeschneidung von kleinen Mädchen in Äthiopien unterstützen

STIRNSTRAFFUNG *ca. 2.000 Euro*

In Gold investieren und somit eine Sorge(-nfalte) weniger haben

WADENKORREKTUR *ca. 2.000 Euro*

Ein Top-Markenfahrrad samt allen Extras sein Eigen nennen

POVERGRÖSSERUNG *ca. 4.500 Euro*

Einen vierwöchigen Traumurlaub auf Kuba buchen, dort Salsatanzen lernen – und mit einem Hinterteil ähnlich jenem der JLo nach Hause kommen

BODYLIFTING *ca. 7.000 Euro*

Zehn Jahre lang zweimal die Woche in die Yogastunde gehen und dabei nicht nur etwas für die Figur, sondern auch für die Gesundheit und die innere Ausgeglichenheit tun

Quelle: Preis-Statistik auf www.kosmetische-plastische-chirurgie.eu

IN MODEFRAGEN: BITTE UM EIGENSINN!

„Moden kommen und gehen.
Stil ist unvergänglich."
– Yves Saint Laurent

Mit dem eigenen Geschmack ist es ein bisschen so wie mit den eigenen Makeln. Früher oder später kann man einen Trend setzen, indem man sich anders und eigenwillig kleidet. Als Helmut Lang seine minimalistischen Kollektionen Anfang der 80er-Jahre die ersten Male zeigte, war der Kreis der Begeisterten noch winzig klein. Wer hätte gedacht, dass er mit seinem Stil so einen Flächenbrand anfachen wird? Vielleicht nicht einmal er. Ich habe viele Jahre als „Hausmodell" für Helmut Lang gearbeitet. Jede neue Kollektion wurde an mir probiert, es wurde über Länge und Material diskutiert, manchmal ging es um Zentimeter bei den Ärmeln oder der Tiefe des Halsausschnitts, wie hoch der Rockschlitz sein sollte, welche Knöpfe wozu passten. All diese kleinen Details stellten sich als Kniffe heraus, die ein Stück einzigartig machten.

Dass ich auch für Yves Saint Laurent arbeiten durfte, zählt zu meinen großartigsten Erfahrungen. Von ihm lernte ich, welche Farben mir stehen und wie mutig man sie kombinieren kann. „Cabine“ nannte man das eine Woche dauernde Probieren von Kleidungsstücken, die einem an den Leib geschneidert wurden. Alle Models, meist waren wir zu sechst, trugen weiße Arbeitsmäntel. Während wir in der Kabine darauf warteten, zum Meister gerufen zu werden, spielten wir Karten, lasen oder übten unser Englisch und Französisch, indem wir miteinander plauderten. (Ich erinnere mich, dass eine damals 17-jährige Engländerin namens Naomi Campbell entzückend war.)
Für die „Cabine“ galt es, schwarze Nylonstrümpfe und schwarze Pumps mit entsprechendem Absatz zu tragen. Die Haare waren zu einem „Chignon“, einem Knoten im Nacken, gedreht, und man durfte nur ganz dezent geschminkt sein; worauf Mr. Yves Saint Laurent, wie er von allen respektvoll genannt wurde, aber besonderen Wert legte, das waren rote Lippen, natürlich von Yves Saint Laurent Rouge Pur Couture N°1 Le Rouge.
Schließlich wurde man in die heiligen Räume gerufen – und da stand ein unglaublich scheuer YSL, in wilden Mustermix gekleidet: kariertes Hemd mit anders karierter Krawatte und wieder anders kariertem Sakko. – Mich hat das jeweils umgehauen, doch heute ist es etwas, das ich gerne nachmache, auch mit Streifen. – Ich erinnere mich noch gut daran, was dann kam: Zunächst studierte er mich still, um wenig später einen von den Stoffballen,

die in rauen Mengen an die Raumwände gelehnt waren, zu mir heranzuzerren. Die Farbe suchte er nach meinem Teint und meiner Haarfarbe aus, dann begann er, den Stoff mit Stecknadeln an mir zu drapieren, bis daraus ein Kleid entstand. Am Anfang ist alles nur ein Stück Stoff. Seinen eigenen Stil zu finden dauert eine Weile. Ich habe alles durchprobiert. Meine ersten Lektionen lernte ich schon im Gymnasium von zwei meiner Freundinnen: von Uschi und Wuschi. Erstere war ein Blumenkind schlechthin, sie ging mit einem Hippie namens Tschuppie, roch nach Patschuli und hatte eine hennagefärbte Lockenmähne. Sie kam in Latzhosen, selbst gestrickten Pullovern in Übergrößen und schlabbrigen Blumenhemden daher, an ihren Armen unzählige Silberreifen und jede Menge bunte Perlenketten, um den Hals ein dünner zartrosafarbener Schal, bedruckt mit Hinduschrift in Rot.

Wir alle versuchten, ihren Stil so gut wie möglich zu imitieren, und konnten es nicht fassen, als sie nach den Ferien, die sie in Berlin verbracht hatte, als eine Mischung aus Popper und Edelpunk zurückkam: Ihr rotes Wallehaar war kurz, schwarz und geglättet, mit einem Seitenscheitel, der die Haare auf einer Seite so lang ließ, dass sie ihr rechtes Auge verdeckten. Schmuck gab es keinen mehr und die Latzhose hatte sie gegen eine enge schwarze Röhrensatinhose mit silbernen Reißverschlüssen eingetauscht. Dazu trug sie einen knallgrünen, eng anliegenden Mohairpullover und schwarze Lederstiefeletten mit Nieten. Geschminkt war sie auf

einmal auch: die Augenlider in Türkis, die Lippen in Lila.
Wir haben ganz schnell unsere Latzhosen verbannt. Aber es zeigte sich, dass sie ihren Stil so schnell änderte, dass wir aus den unteren Klassen gar nicht mehr nachkamen. Von Collegeschuhen, grauem Flanellrock und weißer Bluse über den Cowgirl-Look bis zur Imitation von Grace Jones der 80er im Fallschirm-Overall.
Da war Wuschi schon konstanter. Sie sparte ihr Taschengeld, um sich monatlich die französische „Vogue“ leisten zu können; mit dieser unterm Arm kaufte sie billige Stoffe – oft war es Futterseide – und ließ ihre Mutter diverse Designeroutfits nachnähen. Sie brachte so richtig Glamour in unsere Schule und gemeinsam verbrachten wir Samstage auf dem Wiener Flohmarkt und auf verschiedenen Kirchen- und Feuerwehrflohmärkten, immer auf der Jagd nach Kleidungsstücken, die uns in Schnitt, Farbe und Material zusagten. Ihre Mutter hatte alle Hände voll zu tun, diese für uns umzunähen, tat dies aber mit liebevoller Begeisterung. Manchmal schauten wir aus, als gingen wir auf ein Faschingsfest. Aber es war uns egal, Hauptsache eigenwillig.
Auch im Kleiderschrank meines Vaters wurde ich fündig. Vor dem Samstagabend-Ausgang schlich ich zum Kasten und „borgte“ mir unerlaubterweise die eleganten Raulederjacken aus Italien oder die klassischen Mäntel aus, um damit in die Disko zu gehen. Wenn sie auch etwas zu groß waren – ich schob die Ärmel einfach in die Armbeuge –, so waren sie doch ungemein lässig! Außerdem

fand ich seine Jacken und Mäntel nicht nur elegant, sie waren für mich auch eine Art Schutz, eine Rüstung. Später dienten viele meiner Flohmarkt-Erwerbungen sowie die Mäntel und Jacken meines Vaters und meines Großvaters so manchen Designerinnen bzw. Designern, für die ich arbeitete, als Vorlage. In der Zusammenarbeit mit ihnen lernte ich viel, und heute weiß ich besser denn je, was mir gefällt, was mir steht und worin ich mich wohlfühle. Letzteres wird mir immer wichtiger und schon allein deswegen gehören eine Latzhose, ein schwarzer Kaschmir-Rollkragenpullover und ein rotes Kleid, das mir bis zum Knie geht, zu meiner Grundausstattung. Und wenige gute Stücke sind mir lieber als alle sechs Monate ein Garderobenaustausch.

AM ANFANG WAR DIE MODERNE

Eine kurze Kulturgeschichte der Mode

Mode ist wichtig. Sie ist ein Vokabular, das weit über Sprachgrenzen hinaus funktioniert, und der direkteste Weg, der Welt zu zeigen, wer man ist – oder wer man sein möchte. Mode ist ein Phänomen der Moderne. Früher gab es Trachten und verschiedene geschlechtsspezifische und sozial verbindliche Kleiderordnungen. (Konrad Paul Liessmann: Schönheit. Wien 2009) Durch die Mode wurde Kleidung von diesen Normen befreit. Wobei es in der

Mode nicht allein um die Ästhetik der Hülle geht; in unserer modernen Gesellschaft gehört Kleidung, wie der amerikanische Ökonom Thorstein Vebblen in seiner 1999 erschienenen *Theorie der feinen Leute* feststellt, nicht mehr zu den unmittelbaren Bedürfnissen, wie etwa sich vor Kälte zu schützen, sondern sie ist ein „geistiges Bedürfnis", das zumindest bei den höheren Klassen wesentlich im Prestige besteht, das man sich in Form von modischer Kleidung verschafft. Schon Immanuel Kant meinte, dass es besser sei, *„ein Narr in der Mode"* als ein *„Narr außer der Mode"* zu sein. Und 1911 stellte der Soziologe Georg Simmel in seinem Werk *Philosophische Kultur* die These auf, dass sich Mode aus zwei einander widersprechenden Tendenzen entwickelt hat: einerseits aus dem Bedürfnis nach Zusammenschluss, andererseits aus dem Wunsch nach Absonderung. Mode erlaubt es dem Menschen, sich in Differenz zu anderen zu setzen, seinen eigenen Stil und Geschmack zu demonstrieren. Zum anderen wird eine bestimmte Ästhetik der Kleider nur dann zur Mode, wenn sie nicht auf Einzelne beschränkt bleibt und von mehreren getragen wird. Der modebewusste Mensch zeigt sich mit seinem Geschmack immer auch auf der Höhe der Zeit. Außerdem werden, inbesondere in jugendlichen Subkulturen, komplexe soziale Beziehungen, die durch Worte kaum auszudrücken sind, über Kleider und Marken kommuniziert, die zu einem Signal und einem komplexen Zeichensystem werden. Eine wesentliche Rolle in der Verbreitung von Moden spielt die Inhomogenität der Gesellschaft, also das Wechselspiel von konservativ und konformistisch eingestellten Kreisen einerseits und experimentierfreudigen, rebellischen und individualistischen Gruppen andererseits.

SEI EIGENWILLIG!

Im Grunde ist es unmöglich, sich der Mode zu entziehen, denn auch derjenige, der sich ihr verweigert, setzt damit ein Statement, das ebenso interpretiert wird wie das modische Bemühen. Und Kleidung gibt es heute in erschreckendem Überfluss; viele Menschen sind dieser Flut hilflos ausgeliefert. Tatsache ist, dass man von diesem enormen modischen Angebot höchstens zwanzig Prozent braucht, um gut auszusehen. Nicht wenige Outfits, die auf dem Laufsteg atemberaubend und wundervoll sind, erscheinen auf der Straße lächerlich und völlig daneben. *„Das Wichtigste ist, zu wissen, was einen schöner macht, und immer darauf zu achten, dass man ein besonderes Merk-*

mal hat, denn es geht nicht darum, schön auszusehen, sondern darum, sich selbst als schön zu empfinden", bringt es die charismatische Stilikone und ehemalige Chefredakteurin der französischen „Vogue", Carine Roitfeld, auf den Punkt. Ähnlich die Sichtweise von Coco Chanel, die darauf hinwies, dass *„nicht das Kleid die Frau definiert, sondern die Frau mit der Kleidung ihre Persönlichkeit unterstreicht"*.

LIEBER GENUSS-FASHIONISTA ALS FASHION ADDICT

Ich lasse mir von der Mode nicht diktieren, was ich tragen soll. Aber ich schaue mir stets gerne Magazine an – um mich inspirieren zu lassen und um zu erkunden, was mir für die jeweilige Saison gefallen könnte. Ich suche mir dann genau jene Farben, Muster, Längen und Schnitte aus, mit und in denen ich mich wohlfühle und die zu mir passen. Mittlerweile weiß ich ja, was mir steht und was nicht, was ich an meiner Figur betonen möchte und was nicht.

Auch über internationale Blog-Links finde ich immer wieder interessante Anregungen. Ganz oben auf meiner Liste steht das lässige Bloggerpärchen Ms. Doré (garancedore.fr) und Mr. Schuman (thesartorialist.blogspot.com). Die zum Teil sehr witzigen Ausführungen sind natürlich nur für jene Leute spannend, die gerne englische oder französische Texte lesen, doch allein schon die

Bilder bringen einen auf gute Modeideen. Immer wieder ein Hineinschauen wert sind auch die Websites alltheprettybirds.blogspot.com, streetpeeper.com, www.hanneli.comfacehunter.blogspot.com, jakandjil.com/blog sowie mrnewton.net.

Mein Faible für Thrift- und Secondhand-Läden aus meiner Schulzeit habe ich nach wie vor, daran konnten auch all die Jahre, in denen ich selbst neue Designeroutfits präsentierte, nichts ändern. Ich stöbere gern in alten Sachen, die aufgrund ihrer hohen Qualität überlebt haben und immer noch hübsch aussehen.

Oft braucht es da und dort noch eine Änderung; eine gute Schneiderin erweist sich dann als äußerst hilfreich. Sie kann einem auch aus schönen Stoffen nachschneidern, was man in Magazinen entdeckt hat – jedoch mit dem gewissen Etwas, das man für sich möchte. Also vielleicht ein Kleid, das einem gefällt, das man aber lieber länger oder kürzer hätte, als es in einer Modezeitschrift abgebildet ist. Wer Talent hat, kann sich natürlich selbst an die Nähmaschine setzen. Oder etwas Lässiges nach einem eigenen Entwurf stricken. Handarbeiten ist nicht nur wieder en vogue, es ist auch gut für die Nerven, so meditativ mit den Nadeln zu klappern. Und es ist einfach beglückend, ein selbst gefertigtes Modell zu tragen.

WARUM MICH KLEIDUNG VON GESTERN FASZINIERT

Ich bin gegen Mode, die vergänglich ist.
Ich kann nicht akzeptieren,
dass man Kleider wegwirft,
nur weil Frühling ist.
– Coco Chanel

Secondhand- und Selfmade-Sachen helfen nicht nur dabei, den eigenen Stil zu definieren. Das Comeback von Flohmarkt und Nähmaschine ist auch ein Zeichen für das steigende Umweltbewusstsein. Der riesige Textilienverbrauch durch die Billigketten hat in den letzten Jahren zu massiven ökologischen Problemen geführt. *„Kaufen Sie nur das, was Sie brauchen!"*, empfiehlt die englische Designerin Vivienne Westwood, die für ihre politischen Botschaften bekannt ist.

Organisationen wie Greenpeace raten zu Stoffen, die lange genutzt werden und für die neue Fasern erst gar nicht hergestellt werden müssen. Auch das Motto „Aus alt mach neu!" kommt dabei wieder zu Ehren. Bereits in den 90er-Jahren zeigte der US-amerikanische Faserproduzent Wellman vor, wie man aus alten Plastikflaschen neue Kleiderstoffe macht. Und die Designerin Juli Lewis präsentierte eine Schuhkollektion aus wiederverwerteten Milchflaschen.

Mittlerweile haben auch Topdesigner die Recyclingmode entdeckt: Pascale Mussard, eine Ur-Ur-Enkelin von Thierry Hermès, hatte die Idee, Abfälle aus den Produktionsstätten von Hermès in einer neuen Kollektion weiterzuverarbeiten. *„Ihr ambitioniertes Projekt ist ein weiterer Schritt auf der Suche nach ökologisch verträglicher Mode“*, schrieb die „Süddeutsche Zeitung“ im Herbst 2010. *„Eco-Fashion hat sich innerhalb der letzten Jahre zu einem großen und gleichzeitig schwierigen Thema entwickelt. Wie kann man Textilien herstellen, ohne massive Schäden an der Umwelt zu riskieren? Wie kann man einer Branche Nachhaltigkeit beibringen, deren Antrieb die konstante Veränderung ist?“*

Berühmte Persönlichkeiten wie die Designerin Stella McCartney oder *„Harry Potter“*-Schauspielerin Emma Watson engagieren sich schon seit Längerem für Eco-Mode. Ali Hewson, die Gattin des U2-Sängers Bono, hat mit „Edun“ sogar ein eigenes Modelabel für ökologisch korrekte Kleidung kreiert; es gilt jedoch als wirtschaftlich gewagtes Unternehmen, denn die Herstellung von Biotextilien ist teuer und der Absatzmarkt steckt noch in den Kinderschuhen.

Recycling ist daher eine gute Alternative. Und man muss kein Mode-Designer sein, um Altes zu verwerten. Schon das Tragen von Flohmarkt-Sachen lässt die Abfallberge schrumpfen, was nicht nur für den Planeten, sondern auch für die eigene Gesundheit gut ist, denn durch das oftmalige Waschen von Textilien werden chemische Rückstände aus der Produktion ausgeschwemmt und damit wird das potenzielle Risiko für Hautallergien verringert.

Hollywood-Star und Veganerin Alicia Silverstone schilderte einmal in einem „Vogue"-Interview, wie sie ihre Kleidung auswählt: *„Ich versuche immer, etwas Gebrauchtes zu kaufen. Wenn ich nichts Passendes finde, dann suche ich nach etwas aus Eco-Material. Nur wenn beides nicht klappt, nehme ich etwas Reguläres. Aber das ist selten der Fall."*

DER FLOH IM OHR

Wie der Flohmarkt und sein Name entstanden sind

Der Flohmarkt gehört zu den ersten Ideen der „Recycling-Geschichte". Die Mittelklasse sowie die oberste Gesellschaftsschicht hatten seit jeher bessere Kleidung, bessere Möbel und besseres Geschirr – allein schon, um sich vom gemeinen Volk zu unterscheiden. Doch auch die Garderoben und Anrichten, Dachböden und Keller der Herrschaftshäuser boten nicht unbegrenzt Platz. So wurden Dinge immer wieder „ausrangiert" und weggeschmissen. Das machte sich so mancher vife Untertan zunutze, indem er den „Müll" sammelte und einfach wieder verkaufte: Die ersten Secondhand-Händler waren geboren.

Im großen Stil wurde diese Art von Ware erstmals auf dem Pariser Marché aux Puces nahe der Kathedrale Notre-Dame angeboten. Hier wurden vor allem Kleidergaben der Herrschaftshäuser veräußert. Da Hygiene damals auch in den gehobenen Schichten nicht sonderlich großgeschrieben wurde – wer brauchte schon Wasser und Seife, wenn es Parfum gab? –, kam es mit der Zeit zu einer Flohplage. Infolgedessen wurde der Markt samt „Lumpenhändlern" an den Stadtrand verlegt. Dort florierte das Geschäft mit den Gegenständen, die von den Wohlhabenden aussortiert und von den Armen eingesammelt, manchmal geflickt oder restauriert und dann verkauft wurden. Recycling pur.

Ob die Bezeichnung „Flohmarkt" allerdings – wie oft vermutet – von den Flöhen in den Kleidern herrührt, ist bis heute ungeklärt. Sie könnte auch darauf zurückgehen, dass viele Händler „fliehen" mussten, weil ihre Straßenzüge abgerissen wurden. In diesem Fall wäre das englische Verb „to flee" Pate gestanden. Schließlich heißt Flohmarkt auf Englisch „flee market". Im Holländischen nennt man ihn „vly markt", was übersetzt eigentlich „Tal-Markt" bedeutet – es bezieht sich auf einen Markt, der in Manhattan, USA, in einem Tal abgehalten wurde; ausgesprochen wird „vly" wie das englische „flee", das auf Deutsch wiederum „Floh" heißt.

Gängiger als Flohmärkte sind in den USA übrigens Yard Sales oder Garage Sales, bei denen Privatpersonen ihre gebrauchten Sachen an einem Verkaufsstand anbieten, der auf dem eigenen Grundstück – häufig im Vorgarten, auf der Zufahrt, im Carport oder in der Garage – aufgebaut wird. In den meisten US-Städten kann man diese Mini-Flohmärkte ohne behördliche Anmeldung durchführen. Wobei diese Veranstaltungen, die gern per Inserat in der lokalen Tageszeitung angekündigt werden, manchmal gar nicht so mini sind: Oft stimmen sich ganze Nachbarschaften ab, um an einem gemeinsamen Termin besonders viele Kunden anzulocken. Als längster Yard Sale der Welt gilt der „Highway 127 Corridor Sale", bei dem jedes Jahr im August tausende Haushalte mitmachen.

FIRST CLASS BEI SECONDHAND

Wie man bei Mode aus zweiter Hand Goldgriffe macht

Natürlich sollte man auch neue Ware beim Einkauf genau unter die Lupe nehmen, aber bei gebrauchten Sachen gilt es Zusätzliches zu beachten.

- Ist der Oberstoff frei von Rissen und Reparaturspuren? In seltenen Fällen gewinnt ein Teil durch solche „Narben" eine Art „Survival-Chic", oft sieht es aber einfach nur kaputt aus. Bei alten Lederjacken kann der Used Look durchaus seinen Charme haben. Trotzdem sollte man sie ein wenig restaurieren lassen. Regen, Schnee, Sonne und Wind haben der Jacke im Laufe der Jahre meistens zugesetzt und sie spröde und rissig gemacht. Der Profi verwendet für die Reparatur ein sogenanntes „Flüssigleder", das auf brüchige Stellen aufgespachtelt wird. Selbst kann man es bei leichten Beschädigungen mit Lederfett versuchen, das auch eine vorbeugende pflegende Wirkung hat.
- Vor allem an den Achseln, im Schritt und an den Säumen sollte man genau darauf schauen, ob die Außen-

nähte gerade verlaufen. Ist dem nicht so, sitzt das Kleidungsstück nämlich bei längerem Tragen oft schief und wird dadurch unbequem. Insbesondere bei Teilen, die schlampig umgenäht wurden, kommen verschobene Nähte häufig vor.

- Sind auf dem Stoff Flecken erkennbar? Wenn es ältere unbekannter Herkunft sind, bekommt man sie wahrscheinlich nur schwer raus. Für jene, die es trotzdem versuchen möchten: Bei weißen, gestärkten Stoffen hat man eine Chance, wenn man die Flecken mit Kölnischwasser oder Spiritus betupft, anschließend eine verdünnte Lösung aus Salmiakgeist und Gallseife aufträgt und das Ganze über Nacht einweicht. Bei farbigen waschbaren Materialen hilft Eigelb; nach dem Aufweichen am besten mit kaltem Wasser ausspülen. Samt behandelt man am besten mit Essig und klarem Wasser, Wolle mit einer in Wasser erwärmten Mischung aus Essig- und Kartoffelstärke.
- Sind am Ausschnitt oder unter den Achseln Verfärbungen sichtbar? Diese „Schweißflecken“ entstehen nicht allein durchs Schwitzen, sondern auch durch den Kontakt mit Achsel-Deos. Weiße Wäsche wird in der Folge gelblich, bunte bleicher. Bei weißen Blusen oder T-Shirts lassen sich die Flecken oft ganz gut mit einem Backofenreiniger, Chlor oder Waschsoda entfernen. Dazu sollte man unbedingt Handschuhe anziehen, denn Chlor und Soda entfetten die Haut stark. Bei bunten Teilen kann Zitronensäure aus dem Drogeriemarkt gegen leichte bis mittelstarke Verfär-

bungen helfen: Die Zitronensäure in kaltem Wasser auflösen, das gute Stück eintauchen und eine Stunde lang einweichen, anschließend in der Waschmaschine waschen.

- Funktionieren die Reißverschlüsse? Zipps selbst auszutauschen gehört – vor allem bei sehr festen oder schlüpfrigen Materialien – zu den schwierigen Nähübungen, die nur echte Könnerinnen ohne Nervenkrise schaffen. In der Änderungsschneiderei zahlt man dafür manchmal mehr, als das Kleidungsstück aus zweiter Hand gekostet hat.
- Prüfen Sie, ob der Futterstoff noch fest genug ist. Achten Sie auch auf Risse und Reparaturspuren. Wenn Ihnen an einem Teil sehr viel liegt, können Sie es natürlich neu füttern lassen oder das Futter einfach entfernen. Oft wirkt ein altes Stück schon allein dann wie neu, wenn man ein neues Futter hineinnähen lässt, außerdem kann man es zugleich farblich modernisieren. Falls man das Futter nur entfernt, ist es wichtig, dass – etwa bei einem Kleid oder einem Rock – das Material eines ist, das ungefüttert nicht an den Strümpfen „klebt".

Je nach eigenen Nähkünsten lässt sich auch mit einem leicht beschädigten Kleidungsstück etwas anfangen. Jedoch sollte sich der Schaden im Preis niederschlagen und beim Feilschen berücksichtigt werden.

SEITENWEISE STÖBERVERGNÜGEN

Ergiebige Links für Secondhand-Fans – und auch ein paar für Selbermacherinnen

www.flohmarkt-termine.at

Umfangreiche Website, auf der man alle Termine für Floh-, Antik-, Trödel- und Sammlermärkte in ganz Österreich findet. Darüber hinaus gibt es auch aktuelle Informationen, ein Forum und einen Online-Flohmarkt. In der rechten Spalte kann man weiterklicken auf:

www.flohmarkt.at/flohmaerkte/europa

Hier findet man die europaweit faszinierendsten Flohmärkte, viele davon mit Kurzbeschreibung und/oder Angabe der jeweiligen Homepage.

www.marktcom.de

Vielseitig aufgebautes Portal für Floh-, Antik- und Trödelmärkte in ganz Deutschland, auf dem man auch detaillierte Informationen zu einzelnen Veranstaltungen findet.

www.oldfashion.ch

Das Schweizer Pendant: reichhaltige Homepage für „Old Fashion, Antiquitäten und Kunsthandel“ mit vielen Terminen.

www.naehen-schneidern.de

Übersichtlich gestaltete Seite mit vielen Bildanleitungen, auf der man von Schnittmustern über Tipps und Tricks bis hin zu einem Nählexikon alles findet, was man über das Selbermachen von Kleidung wissen muss.

www.stricken.net

Von hier aus kommt man über zahlreiche Links zu den neuesten Strick-Infos – interessant sowohl für Anfängerinnen als auch für Fortgeschrittene.

LAUFSTEG LEINWAND: DIE FILM-MUSEN

Streifenweise Inspiration für den persönlichen Stil

Eine weitere großartige Ideenquelle sind Filme, in denen man lässige Kleidung sieht – dazu gehören nicht nur solche, die gerade angelaufen sind, sondern vor allem auch Klassiker der Kinogeschichte. Eine Marilyn Monroe hat schon in *Misfits* vorgezeigt, wie man in da und dort zurechtgeschneiderten Levis 501 mit einem souveränen Gürtel, einem weißen Herrenhemd und Stiefeletten betörend wirken kann.

Ein echter Kulthit à la Film noir ist der schwarze Bleistift- oder auch der Glockenrock – je nach Figur – mit schwarzem Kaschmir-Rollkragenpullover: ein Duo, das man sich, je nach Geldbörse, von Benetton, Loro Piana oder Designern leisten kann. Und natürlich ist auch ein Kleid immer gut, weil man darin im Handumdrehen sehr weiblich und unprätentiös aussieht. Welche Länge man wählt, hängt von den eigenen Beinen und vom persönlichen Geschmack ab. Ich trage am liebsten solche, die beim Knie oder knapp darüber enden. Aber im Winter, wenn ich schwarze Strumpfhosen dazu anziehe, finde ich, kann das Kleid auch kürzer sein.

WER SCHÖN SEIN WILL, DER DARF NICHT LEIDEN

Egal, ob man tagsüber unterwegs ist oder abends ausgeht: Bequem ist wichtig. Vor allem bei Schuhen.

Schmerzende Füße sind für mich nicht nur ein Warnsignal dafür, dass meiner Gesundheit gerade nachhaltig geschadet wird, sie beeinflussen auch meinen Seelenzustand. Zu klein, zu groß, zu hoch oder zu flach kommt für mich schlichtweg nicht infrage. Schönheit muss leiden – wer sagt das? Ich finde, das Gegenteil ist der Fall: Je wohler man sich in seinen Sachen fühlt und je weniger einem weh tut, umso entspannter und somit besser sieht man aus. Und wer sich im Sommer einmal die grotesk geformten Zehen älterer Damen angesehen hat, die ihr Leben lang spitze, hohe unbequeme Schuhe erdulden „mussten", der weiß in der Sekunde, dass verkrüppelte Frauenfüße nicht allein ein Phänomen aus dem alten China sind, sondern vor allem eines aus der modernen westlichen Welt. Das jahrelange Gehen in High Heels verkürzt überdies die Achillessehne. Ein Tipp für alle, die trotzdem nicht ganz auf schwindelerregende Absätze verzichten wollen: regelmäßig Fußgymnastik machen, bei der man die Zehenspitzen abwechselnd so weit wie möglich streckt und so nahe, wie es nur geht, Richtung Knie zieht. Empfehlenswert ist es auch, die Zehen barfuß oder in Socken weit kreisen zu lassen.

Was jetzt nicht heißen soll, dass ich hohe Absätze nicht mag. Es kommt nur darauf an, was für welche. Genial, weil superbequem, sind Plateauschuhe, in denen man einen viel besseren Halt hat als in Schuhen mit dünnen Stilettos; auch ist das „Gefälle" zwischen Ferse und Ballen nicht so hoch. In den 70ern berühmt geworden, feiern sie in der Mode ein Comeback nach dem anderen.

Wenn sie mich nicht größer machten, als ich ohnehin schon bin, würde ich sie ständig tragen.
Aber auch flache Sportschuhe wie die schlichten Converse sind bequem zu tragen, vor allem wenn man Einlagen mit gutem Fußbett reingibt. Immer gut sind auch die ewig lässigen Espadrilles, die einen Hauch von Ferien-am-Mittelmeer-Stimmung verbreiten. Sie sind heute noch in spanischen und französischen Supermärkten für rund sechs Euro zu haben.
Apropos Ferien: Wenn ich auf Urlaub fahre, habe ich Kaftane und Tücher in jeder Größe in meinem Gepäck. Es ist verblüffend, was sich aus Tüchern alles zaubern lässt: Man kann sie zu kurzen oder langen Röcken wickeln, als Turban, Kopftuch oder statt einem Schal verwenden oder sommerliche Tops daraus basteln, die man am Strand sehr fein zu Shorts tragen kann. Mit ihnen lassen sich viele Outfits aufpeppen, zum Beispiel, indem man sie als Hüfttuch anstelle eines Gürtels verwendet. Das sieht sowohl bei Kleidern als auch zu Jeans lässig aus.
Was ebenfalls überall – und ganz besonders zu Jeans – sehr gut passt, sind gestreifte kurz- oder langärmelige T-Shirts. Sie sind praktisch und zugleich Klassiker. Ich liebe sie seit meiner Kindheit, ebenso wie Overalls und Latzhosen. In denen kann man mit bequemen hochwertigen Designerschuhen oder eleganten Sandalen einen betörenden Auftritt machen.

SLOW SHOPPING

Überlegt kaufen, lange Freude daran haben

Ob im Secondhand-Laden oder in der Innenstadt-Boutique: Am wichtigsten ist es, immer und überall auf gute Qualität zu achten. Wer es sich leisten kann, kauft besser einmal im Jahr ein perfekt geschnittenes Designerstück, das sich beim Tragen gut anfühlt, als vierzig halbherzig ausgesuchte, nicht richtig sitzende Billigkleidungsstücke, womöglich noch aus Materialien, die ein schwitziges Tragegefühl vermitteln. So manche Designermäntel und -outfits habe ich seit nunmehr zwanzig Jahren und ich trage sie noch immer, wie eben den dick gestrickten, dunkelblauen Kaschmirpullover von Jil Sander.

Mit unüberlegten Schnell- oder Frustkäufen dagegen verschwendet man letztlich nur den ohnehin schon knappen Platz im Kleiderschrank. Dieser sollte übrigens von Zeit zu Zeit ausgemistet werden. Die goldene Regel lautet dabei: Alles, was man länger als zwei Jahre nicht getragen hat, zumindest einmal für zwölf Monate einmotten und, wenn man es in dieser Zeit nicht vermisst, verschenken oder spenden, um Platz für Neues zu schaffen. Am besten für überlegt Ausgewähltes, an dem man wirklich lange Freude hat – und das man auch wirklich oft anzieht.

Extravagante Abendmode nach dem letzten Schrei zählt da selten dazu. Selbst Oscar-Preisträgerin Natalie Portman meint, dass edle Roben ausschließlich auf den roten Teppich gehören. *„Nur hier zelebriere ich meinen*

Cinderella-Moment", sagt die 29-Jährige, die sich vehement gegen überflüssigen Konsum einsetzt und nach eigenen Angaben seit fünfzehn Jahren die gleiche Kleidung trägt. *„Ich fühle mich geehrt, wenn ich Kreationen von wunderbaren Designern tragen darf, die Kleider sind aber nur geliehen"*, ließ sie aufhorchen.
Den „Cinderella-Moment" gibt es im Leben jeder Frau, egal ob Hollywood-Star oder nicht. Die gute Fee in Form einer Designermarke, die für diesen einzigartigen Auftritt ein sündteures Outfit leihweise zur Verfügung stellt, springt nicht serienmäßig aus dem Kürbis. Für den Fall, dass Sie sich nicht in der glücklichen Lage sehen, für besondere Anlässe eine extravagante Garderobe ausleihen zu können, habe ich für Sie im Kapitel „Jede Frau ist ein Stern" Tipps und Kniffe zusammengestellt, damit Sie trotzdem Ihren ganz eigenen Showgirl-Moment genießen können.

LAUFSTEG DES LEBENS

Ich bin ein wirklicher Spätzünder. Das war schon in der Schule so. Wenn unsere liebe Frau Lehrerin redete und redete, wurden ihre Worte bald zu einem angenehm danhinplätschernden Bächlein, das mich in meine eigene Gedankenwelt kippen ließ. Nach dem Unterricht hatte ich oft keine Ahnung, wovon die Rede gewesen war. Kein Wunder also, dass ich erst mit einundzwanzig Jahren maturierte, und das mit Ach und Krach. Ich brauchte für alles viel Zeit und Ruhe. Bei der Verabschiedung der Maturanten hatte der Direktor Tränen in den Augen. Am liebsten hätte er mir eine goldene Treuenadel angesteckt.

Als ich dann draußen im Leben war, hatte ich nicht wirklich einen Plan und entschied mich für das ein oder andere, das mir entgegengebracht wurde. Hatte ich mich aber einmal zu etwas entschlossen, dann verfolgte ich es mit der Ausdauer eines Haflingers.

Schon während der Schulzeit ergaben sich Gelegenheiten, ein bisschen zu modeln, und wenn mir damals jemand gesagt hätte, dass ich diesen Beruf über zwanzig Jahre ausüben werde können, hätte ich laut gelacht. Es galt früher als selbstverständlich, dass eine Modelkarriere spätestens mit dreißig beendet war.

Doch die Zeiten haben sich geändert: Kleiderkonzerne entdeckten nach und nach, dass auch Frauen ab vierzig nicht „nackt herumlaufen“, sondern gut gekleidet sein wollen. Und dass sie lieber Frauen ihres eigenen Alters in Werbekampagnen und Shows sehen möchten als Teenager. In den USA gibt es diese „Nische“ schon seit Längerem und Frauen ab vierzig sind eine wichtige Zielgruppe geworden. Selbst „Vogue“ und das „W Magazine“ legen sich nicht mehr auf 15- bis 25-Jährige fest.

„Die ist ganz schön alt geworden“, mögen heute viele bei meinem Anblick denken. Das war aber immer schon so: Ich galt bereits am Beginn meiner Karriere als alt. *„Sie ist eine erwachsene Frau und hat ein Kind“*, wurde gemunkelt. Tatsächlich gab es damals außer mir kein einziges Model, das Kinder hatte. Diese beiden Aufgaben schlossen einander noch aus. Eine Mutter als Model, das war etwas ganz Neues, und manche Kolleginnen nannten mich liebevoll „Mama Cordula“. Heute finde ich es schön, zu sehen, dass viele Fotomodelle trotz Beruf eine Familie haben. Und dass sie auch im fortgeschrittenen Alter gefragt sind.

Chanel wirbt inzwischen mit Frauen in den besten Jahren. Die 40-jährige Stella Tenant, Mutter von vier Kindern, und die 54-jährige Inès de la Fressange inspirieren mit ihrem schlaksigen und burschikosen Charme nicht nur Karl Lagerfeld. Auch Tom Ford hat eine Vorliebe für reifere Damen entdeckt. Infolgedessen legte er großen Wert darauf, dass seine eigene Kollektion fast ausschließlich von Frauen über dreißig vorgeführt wurde.

Eine der Ausnahmen war die Sängerin Beyoncé, doch indem er ausgerechnet sie gewählt hatte, machte er seinem Publikum klar, dass er, wenn es zur Vorführung der von ihm entworfenen Modelle kommt, weder an einem gewissen Alter noch an einer bestimmten Figur festhält. Sehr begehrt ist derzeit auch die wunderschöne 47-jährige US-Amerikanerin Kristen McMenamy, die in diesem Jahr schon zweimal auf dem Cover der italienischen „Vogue" zu sehen war. Und die mit ihrem hüftlangen weißen Haar und im Bikini eine ziemlich gute Figur macht. Die androgyne Schönheit, die in den 90ern zur Garde der Supermodels zählte, ist gefragter denn je. So lief die zweifache Mutter bei den Pariser Schauen für Viktor & Rolf und für Calvin Klein. Sie ist das Gesicht der Lanvin- und der Louis-Vuitton-Kampagne und Peter Lindbergh fotografierte sie ungeschminkt für die Septemberausgabe von „Harper's Bazaar". Ärgerte sich McMenamy vor sechs Jahren noch über ihre allmählich ergrauenden Haare, ist ihre silbergraue Mähne heute ihr Markenzeichen. *„Ich dachte mir irgendwann, dass sich das Grau prima auf Fotos machen würde"*, erzählt sie. Dass Grau hip wirkt, finden auch immer mehr junge Stars – und greifen freiwillig zum Färbemittel. Ob die 15-jährige Bloggerin Tavi Gevinson, das 21-jährige It-Girl Pixie Geldof, Lady Gaga, 25, oder Topmodel Kate Moss, 37: Sie alle colorierten ihre Haare silbergrau bis schlohweiß.

Lustig ist es für mich natürlich schon, wenn ich zur Mrs. Robinson gestylt werde und man mir einen Jüng-

ling im Alter meines Sohnes an die Seite stellt. Oder junge Models, die meine Töchter sein könnten. Kürzlich waren wir bei einem Fotoshooting in New York zu viert. Die drei Mädchen waren zwischen siebzehn und einundzwanzig und auf dem Gruppenfoto war ich dann tatsächlich „Mama Cordula".
Ob ich lieber noch der „Töchterriege" angehörte? Natürlich würde ich noch mal gerne zwanzig sein! Allerdings nur mit meinem heutigen Denken, meiner Erfahrung und meiner Einstellung. Und nicht ohne Mutter gewesen zu sein.

ÄLTERE MODELS ALS NEUE VORBILDER

Was vor Kurzem noch das Aus jeder Modelkarriere bedeutet hätte, katapultiert jetzt so manche zurück ins Scheinwerferlicht, denn viele Modehäuser wenden sich von minderjährigen Models ab. Für Aufsehen sorgte wie immer Karl Lagerfeld, der den neuen Trend auf den Punkt brachte: *„Von 15-jährigen russischen Models haben wir genug gesehen. Wir machen schließlich nicht Mode für Jugendliche."* Louis Vuitton, Chanel, Ungaro, Balenciaga und viele andere haben die kaufkräftige Gruppe der Best Ager, der Menschen um die fünfzig, für sich entdeckt. Um diese zu erreichen, werben sie mit „altgedienten" Models wie Inès de la Fressange, 54, Stella Tennant, 40, oder

Christy Turlington, 42. Und Elle Macpherson, 48, die 1999 noch meinte, dass sie *„zu alt für das Modelbusiness"* sei, lief elf Jahre später für Marc Jacobs über den Catwalk. Giles Deacon hievte für Ungaro die 49-jährige Modejournalistin Anna dello Russo auf die Bühne, was sich als Goldgriff herausstellte.

Auf den Laufstegen scheint also wieder Platz für reife erwachsene Frauen zu sein. Es vollzieht sich eine wirkliche Wende, bestätigt auch Patrick Lemire von der Modelagentur Marylin Agency in Paris. Die Modeschöpfer wollen „reife, selbstbewusste Frauen". Glaubwürdigkeit und Realitätsnähe sind gefragt, vor allem die kaufkräftigen Kundinnen, die mit den Models der 80er- und 90er-Jahre aufgewachsen sind, scheinen sich mit den „Kindfrauen" nicht identifizieren zu wollen. In unsicheren Zeiten setzt man eben lieber auf sichere Werte und Persönlichkeit.

In einer Gesellschaft, in der die Menschen zunehmend ein höheres Alter erreichen, entdecken, teils auch krisenbedingt, Werbung und Mode die schönen Seiten des Alters. Wer Anzeigenkampagnen mit „alten Leuten" wie Kim Basinger oder Madonna schon als Paradigmenwechsel preist, übersieht allerdings, dass diese Damen, die wohl über fünfzig sind, wie unter vierzig aussehen. Studien nach ist es tatsächlich so, dass sich die „Best Ager“ im Schnitt zwölf Jahre jünger fühlen, als sie sind. „Man ist so alt, wie man sich fühlt“, lautet das Motto all jener, die zwischen 1946 und 1964 geboren wurden. Sie sind, laut Trendforschern, momentan die finanzstärkste und anspruchsvollste Generation. Jeder bzw. jede zweite 50-Jährige mache sich lieber ein schönes Leben, als das Geld für den Nachwuchs zu sparen. Im Vergleich zur Gesamtbevölkerung betreiben sie am meisten Sport und halten Sex für wichtig. Was ältere Menschen motiviere, sei die Möglichkeit, das Beste aus sich, ihrem Körper und ihrem Leben zu machen. Ihr zentrales Thema ist das „Selbstdesign“: Kosmetik, gesundes Essen, Bildung, Sport und Kultur gehören genauso dazu wie chirurgische Optimierungen. Ich denke, das Um und Auf ist es, geistig fit und körperlich attraktiv zu bleiben. Stoppen kann man den Alterungsprozess ohnehin nicht. Man tut also besser daran, es zu akzeptieren und zu sehen, dass auch im Alter Schönheit möglich ist.

Alter ist immer etwas, das man mit Stolz zeigen kann. Im Gegensatz zu ihren jüngeren Kolleginnen bringen ältere Stars wie Julia Roberts, 43, oder Jennifer Aniston, 42, einen entscheidenden Vorteil mit: *„Sie haben über die Jahre ein Selbstverständnis entwickelt, das ihnen* *eine magische Ausstrahlung verleiht"*, meint Special Projects Director Laura Brown von „Harper's Bazaar".

Die Entdeckung des Silver-Style lässt sich auch an anderer Stelle beobachten. Ari Cohen, der auf die dreißig zugeht, hat eine Schwäche für ältere Frauen; vor allem, wenn sie gut gekleidet sind. *„Unsere Gesellschaft ist immer noch im Jugendwahn, dabei sind ältere Menschen nicht weniger schön, sondern nur auf andere Weise."* Stilistisch seien manche Ältere vielen Jüngeren sogar überlegen: *„Schließlich hatten sie über die Jahre viel mehr Zeit, ihren persönlichen Look zu kultivieren."* Der junge New Yorker betreibt den Blog „Advanced Style", der genauso funktioniert wie andere Street-Style-Seiten, nur dass dort nicht flippige junge Menschen gezeigt werden, sondern ausschließlich lässige Ältere. Die Seite erfreut sich großer Beliebtheit bei einer stetig wachsenden Anzahl von Fans; Cohen wird mit begeisterten Mails überschüttet. Inspiration ist für ihn unter anderen die 90-jährige New Yorker Silver-Style-Ikone Iris Apfel. Zunächst in der Modebranche tätig, wurde sie später als Innendekorateurin und vor allem für ihren wunderbaren Style bekannt – Haute Couture, Flohmarkt, New York, Marrakesch: Auf Apfels Körper findet zusammen, was andere nicht einmal zu träumen wagen.

Auch Mimi Weddell war – sie ist im Alter von vierundneunzig Jahren verstorben – eine Stilikone. Erst mit fünfundsechzig begann die New Yorkerin ihre Karriere als Schauspielerin und Werbefigur, so zum Beispiel als exzentrische Alte in der „Test the West"-Werbung. Privat war sie in etwa genauso unauffällig: Vor allem liebte sie Hüte in allen Größen und Formen, weshalb der 2008 gedrehte Dokumentarfilm den Titel *Hats off!* trägt. Darin wird Weddell auch bei ihrer regelmäßigen Gymnastik gezeigt, beim Tanzen, wie sie sich schminkte und zurechtmachte. Sich schön machen sei schließlich auch eine Frage der Fitness, verriet Weddell. *„Früher habe ich eine Stunde gebraucht, um mich fertig zu machen. Heute benötige ich mindestens drei."* In manche Kleider mussten ihr ihre Kinder, die bei ihr im Apartment wohnten, erst hineinhelfen. Pullover oder Blusen ohne Knopfleisten anzuziehen wurde zur Qual, weil sie ihre Arme nur mühsam heben konnte. Bis an ihr Lebensende ging sie dreimal in der Woche zu ihrem Haarstylisten bei Elizabeth Arden. Wenn etwas Besonderes anstand, wie etwa die New York Fashion Week, ging sie zu Chanel und ließ sich dort die Wimpern tuschen. *„Allein schon, weil der Visagist viel besser sieht als ich"*, kommentierte es Weddell. *„Mit ein bisschen Mühe sieht man nicht* *nur besser aus, man fühlt sich auch so.*" Mit sehr viel mehr Mühe kann man womöglich auch mit siebzig noch das Sexsymbol geben. Oder auch darüber, wie die unvergleichliche Tina Turner.

BALSAM FÜR DIE SEELE

Es liegt in der Natur des Menschen, große Lebensthemen so lange durchzukauen, bis sie bis auf den Klischeeknochen abgenagt sind. „Schönheit kommt von innen", lautet so ein „gegessenes" Klischee, das keiner mehr hören kann. Trotzdem ist die Wahrheit, aus der es entstanden ist, nicht von der Hand zu weisen. Und man muss ja nicht abgedroschene Phrasen nachplappern, sondern hat die Möglichkeit, selbst Überlegungen anzustellen und die eigene Sichtweise kundzutun. So wie der weltberühmte Fotograf Bruce Weber, der einmal meinte, er versuche immer, die Seele eines Menschen zu fotografieren. *„Was mich wirklich stimuliert, ist, jemandem zu begegnen, der sehr viel ‚soul' hat. Eine starke Seele übertrifft nun einmal jeden nur vorstellbaren Aspekt von Schönheit."* Seiner Ansicht nach hofft jeder Fotograf, dass in den Augen der Menschen, die vor seine Kamera treten, auch ihre Seelen zum Vorschein kommen. Und dass man dadurch mehr über diese Person und ihre Geschichte erfahren möchte. *„Ob Mann oder Frau: Jemand, der sexy ist, ist bereits dadurch schön, dass er Lebensfreude vermittelt. Es geht dabei um die Energie eines Menschen."*

Woher man diese Energie beziehen kann oder will, ist eine Geschmacks- und Typfrage. Andreas Kronthaler, der Ehemann von Vivienne Westwood, glaubt an die Ehe und Partnerschaft als Lebenskraft: *„Wir teilen alles und alles Gute wird dann doppelt so gut"*, verrät er über seine Beziehung mit der britischen Modeikone.

Innige Zweisamkeit ist sicher ein Schönheitselixier für die Seele, da man weiß, dass man einen Menschen an seiner Seite hat, auf den man sich verlassen kann. Zudem kann man sich gegenseitig immer wieder motivieren, etwas Neues auszuprobieren, und Veränderung hält den Geist in Bewegung und die Seele am Baumeln.

Für eine gute Liebesbeziehung braucht es allerdings Eigenliebe und Selbstvertrauen. Wer nicht auf sich setzt, wird sich auch nicht zutrauen, eine harmonische Partnerschaft zu führen. Nur wer für sein eigenes Glück sorgen kann, beweist sich selbst, dass er in der Lage ist, einen (anderen) Menschen glücklich zu machen.

Eigenliebe ist auch deshalb so wichtig, weil man durch sie zu lieben lernt – und nicht nur geliebt zu werden. Die Liebe eines anderen Menschen bringt einen nicht zum Leuchten, wohl aber das eigene Gefühl, das man ausstrahlt. Deshalb sollte man Liebe nicht nur als Geschenk sehen, sondern sie auch anderen gegenüber leben, indem man jemanden in seinen Anliegen unterstützt, an seinem Leben mit Interesse anteilnimmt und damit zu dessen „Zeitzeuge" wird.

Cindy Crawford bezieht die Energie für ihr inneres Strahlen, das sie sich über Jahrzehnte erhalten hat, wie sie selbst sagt, aus ihrer Familie, dem Beisammensein mit Freunden, ihrem Engagement, anderen Menschen zu helfen, und auch aus ihrer Arbeit. Die Liste, so meint sie, ließe sich ins Unendliche ergänzen. Wichtig sei es, das zu machen, was einem dazu verhilft, mit sich selbst zufrieden zu sein. Und nicht seiner verlorenen Jugend nachzujammern: *„Wenn es nichts Interessantes zu tun gibt, denkt man zu viel darüber nach, was man alles nicht mehr hat. Wenn man aber andere erfüllende Dinge zu schätzen weiß, hat man eine Perspektive. Doch vor dem Spiegel zu stehen und zu jammern – ‚Oh mein Gott, ich habe schon wieder eine Falte entdeckt!' –, finde ich peinlich. Dafür habe ich keine Zeit."*

Auf meiner eigenen Liste stehen Gespräche und Heiterkeit ganz oben. Ich habe mich irgendwann bewusst dafür entschieden, alles mit ein wenig mehr Humor zu nehmen. Für mich ist Heiterkeit eine Haltung, mit der ich mein Leben bereichern kann. Die französische Schriftstellerin Sidonie-Gabrielle Colette (*1873 im Burgund; † 1954 in Paris) riet an, ruhig dumme Dinge zu machen, solange man sie *„mit Begeisterung tut"*. Und ein indischer Arzt hat im Jahr 1995 sogar Lachclubs ins Leben gerufen, in denen Leute einander treffen, um Heiterkeit zu üben und dadurch gesund zu bleiben.

LACHEN UND LACHEN LASSEN

Es ist weltweit bekannt, dass Lachen die beste Medizin ist. Aus der Lachforschung, der Gelotologie, weiß man,

dass dabei entzündungshemmende Substanzen freigesetzt und Stresshormone abgebaut werden. Außerdem wird der Sauerstoffaustausch im Gehirn erhöht, die Atmung verbessert und der Kreislauf gestärkt.
Madan Kataria, ein praktischer Arzt aus Mumbai, hat daher eines Tages beschlossen, einer größeren Anzahl von Leuten die gesunde Wirkung des Lachens näherzubringen. Er verband Yogatechniken mit Lachübungen und entwickelte daraus eine Form von Yoga, bei der das grundlose Lachen, auf Sanskrit „hasya", im Vordergrund steht. Dehn- und Atemübungen werden dabei mit Pantomime verbunden, die das Zwerchfell in Schwung bringt. Beim Lachyoga soll man über die motorische Ebene zum Lachen kommen, ein zunächst künstliches Lachen soll dann in ein echtes übergehen.
Amüsant ist auch die Art und Weise, wie Madan Kataria sein „Hasya-Yoga" unters Volk brachte: In einem Park begab er sich auf die Suche nach potenziellen „Mit-Lachern", nach anfänglichen Widerständen und Missgeschicken wurde er fündig und von da an versammelte sich jeden Morgen eine Gruppe Menschen um ihn, aus der schließlich der „Lachclub" hervorging.
Katarias Idee breitete sich schnell über ganz Indien aus. Vielerorts treffen einander in etwa zwanzig bis vierzig Menschen am frühen Morgen in einem Park und lachen 15 bis 20 Minuten miteinander, bevor sie zur Arbeit gehen. Dadurch wird nicht nur beträchtliche körperliche, sondern auch viel positive psychische Energie freigesetzt, die den ganzen Tag anhalten kann. 2007

zählte man weltweit mehr als 5.000 Clubs. An jedem ersten Sonntag im Mai feiert die Lachyoga-Bewegung den „Weltlachtag".

DIE KRAFT DER VERÄNDERUNG

Beim Thema Alter muss ich oft an eine Novelle von Stefan Zweig denken, die mit folgenden Zeilen beginnt: *„Als ich vierzig Jahre alt war, starb plötzlich mein Mann. Im Grunde betrachtete ich mein Leben von diesem Augenblick an als vollkommen sinnlos und unnütz. Für mich selbst wollte ich und begehrte ich nichts mehr."*
Gott sei Dank haben sich die Zeiten mittlerweile geändert. Als Frau über vierzig hat man schon so einiges erlebt und oft auch schwere Zeiten durchgestanden, man hat manche Kapitel abgeschlossen, aber man weiß auch, dass jedes Abschließen und Abschiednehmen die Chance des Neuen birgt.
Dank meiner Erfahrung kann ich das heute gut annehmen und ich bin meinem Leben unendlich dankbar dafür. Ich glaube, es ist immer möglich, neu anzufangen, sein Leben zu ändern, den Wohnort zu wechseln oder gar in ein anderers Land zu gehen. Vielleicht muss man erst eine Zeit lang Einsamkeit, Verlassensein und Langeweile ertragen haben, damit man den Schritt zur Veränderung wagt. Doch dieser Kraftakt zahlt sich aus.
Ich habe mir mit zweiundvierzig gewünscht, dass es mir gelingt, mein Leben zu ändern. Zugegeben, es war nicht immer leicht, dorthin zu kommen, wo ich jetzt bin, aber

dank Ausdauer und Geduld konnte ich die sehnlichst gewünschten Veränderungen schließlich wahr machen. Jetzt, mit Ende vierzig, habe ich das Gefühl, dass mein Leben erst richtig losgeht. Ich kenne mich sehr gut, lege keinen großen Wert mehr darauf, was man von mir denkt, und ich habe den Mut, so zu leben, wie ich es will und ohne irgendjemandem entsprechen zu müssen. Zu wissen, dass an jedem Tag ein völliger Neubeginn möglich ist, gibt mir das Gefühl von Freiheit und Glück.

DAS GROSSE AUSMISTEN

Mit Anfang vierzig fühlte ich mich in meinen Kleidern nicht mehr wohl. Abgesehen davon, dass ich an Kilos zugelegt hatte, passten sie auch nicht mehr zu mir. Oder zumindest empfand ich es so. Es folgte das, was US-Amerikaner als „cleaning out your closet" bezeichnen: das generelle Ausmisten von all jenen Dingen, die überflüssig oder zur Last geworden sind.

Was mit dem Kleiderschrank begann, weitete sich bald auf die gesamte Wohnung und mein ganzes Leben aus. Möbel, Bekannte, Gewohnheiten und alles, was nicht mehr stimmig war, was drückte, zwickte und wehtat, wurde verabschiedet.

Ich nahm mir Zeit, um Beziehungen, die ich in meinem Leben hatte, näher anzuschauen, und stellte fest, dass mir Dynamiken, die ich bis dahin als normal erachtet hatte, plötzlich falsch vorkamen. Es braucht eine Weile, um sich auf diesen Prozess einzulassen, um in aller Ruhe hinzuschauen. Und sich dann zu fragen, ob man das noch will, ob es einen Sinn macht, ob es weiterhin bereichernd für sein Leben ist. Um in Gesprächen, im Hinfühlen, Hinspüren und Hinhören herauszufinden, ob eine Beziehung oder eine Bekanntschaft in dieser Form weitergeführt werden soll.

Das trifft auch auf die eigenen Kinder zu, wenn sie größer geworden sind. Irgendwann haben sie ihre eigenen Vorstellungen und Wünsche, auf die man als Eltern eingehen sollte. Man soll Kinder – wie überhaupt Menschen, die man liebt – unterstützen und bei allem, was sie tun, hinter ihnen stehen. Das heißt aber nicht, dass man ihnen in allem recht geben muss. Von Zeit zu Zeit sollte man hinterfragen, ob die Art der Beziehung, die man zu ihnen hat, der aktuellen Lebenssituation, ihrem Alter und letztlich auch dem eigenen entspricht. Wenn nicht, sollte man ihnen erklären, dass manche familiäre Gewohnheiten und Rituale geändert werden müssen. Nicht ohne zu versichern, dass man sie nie im Stich lassen wird.

WORTE VON GROSSEN DENKERN ÜBER VERÄNDERUNG UND ANGST

„Es gibt keine Grenzen. Nicht für den Gedanken, nicht für die Gefühle. Die Angst setzt die Grenzen."
– Ingmar Bergman

„Man hat nur Angst, wenn man mit sich selbst nicht einig ist."
– Hermann Hesse

„Man weiß nie, was daraus wird, wenn die Dinge verändert werden. Aber weiß man denn, was draus wird, wenn sie nicht verändert werden?"
– Elias Canetti

„Die besten Reformer, die die Welt je gesehen hat, sind die, die bei sich selbst anfangen."
– George Bernard Shaw

„Wer will, dass die Welt so bleibt, wie sie ist, der will nicht, dass sie bleibt."
– Erich Fried

„Die Natur des Geistes ist so geartet, dass uns der Wechsel meist mehr Erholung schafft als die Ruhe."
– Ernst von Feuchtersleben

KEINE ANGST VOR DEM GLÜCK

Wenn man sich vor Veränderungen fürchtet, mit denen man sein eigenes Leben angenehmer, schöner und glücklicher machen könnte, dann liegt das oft nicht daran, dass man sich zu wenig zutraut. Im Gegenteil. Nelson Mandela hat das im Jahr 1994 bei seiner Antrittsrede wunderbar formuliert: *„Unsere tiefste Angst ist nicht, dass wir der Sache nicht gewachsen sind. Unsere tiefste Angst ist, dass wir unermesslich mächtig sind. Es ist unser Licht, das wir fürchten, nicht unsere Dunkelheit. Wir fragen uns: Wer bin ich denn, dass ich leuchtend, hinreißend, begnadet und fantastisch sein darf? Wer bist du denn, dass du das nicht sein darfst? Du bist ein Kind Gottes. Wenn du dich klein machst, dient das nicht der Welt. Es hat nichts mit Erleuchtung zu tun, wenn du dich einkringelst, damit andere um dich herum sich nicht verunsichert zu fühlen brauchen. Du wurdest geboren, um die Ehre Gottes zu verwirklichen, die in uns ist. Sie ist nicht nur in einigen von uns – sie ist in jedem Menschen. Und wenn wir unser Licht erstrahlen lassen, geben wir unbewusst anderen Menschen die Erlaubnis, dasselbe zu tun. Wenn wir uns von unserer Angst befreit haben, wird unsere Gegenwart ohne unser Zutun andere befreien."*

GENUG GELAUFEN: WIE ICH MEIN EIGENES TEMPO GEFUNDEN HABE

„Für die, deren Zeit gekommen ist, ist es nie zu spät."
– Bertolt Brecht

Nach zwanzig Jahren herumreisen und nirgendwo länger als einen Monat bleiben genieße ich es, in aller Ruhe an einem Ort zu verweilen. Kurz nachdem ich im April 1988 angefangen hatte, international als Fotomodell zu arbeiten, rief mich meine Agentin aus Wien an, um mir glücklich zu berichten, dass ich für die nächsten drei Monate mit Arbeit ausgebucht war. Von Düsseldorf nach Paris, wieder nach Wien, dann Mailand, ein paar Tage New York, wieder Düsseldorf, München und Madrid. Dazwischen noch nach Puerto Rico. So toll. Nach meinen Veröffentlichungen in der US-amerikanischen, französischen und italienischen „Vogue" wollten mich plötzlich alle fotografieren. Selbst diejenigen, die mich immer „als zu irgendwas" gefunden hatten.
Nach dem Telefonat mit meiner Agentin brach ich in

Tränen aus. Zwei Stunden später rief ich sie zurück und sagte zu ihrem Entsetzen sämtliche Termine ab. Dass ich damit auch viel Geld absagte, war mir egal. Allein der Gedanke, für drei Monate fremdbestimmt zu sein, war mir zu viel. Mein Sohn war drei Jahre alt und ich hatte ohnehin schon das Gefühl, dass ich wegen meines Berufs bei vielen elementaren Schritten seines Heranwachsens nicht dabei gewesen war. Mir war es lieber, nur ab und zu einen Auftrag anzunehmen als wie die Feuerwehr zu arbeiten.

Interessanterweise wurde meine Karriere dadurch nicht beeinträchtigt. Ich suchte mir genau aus, was ich gerne machen wollte, und wurde gerade deswegen respektiert. Wahrscheinlich war das auch ein Grund dafür, dass meine Modelkarriere über die erstaunliche Länge von zwanzig Jahren andauerte.

Damals lebte ich in Wien und immer wieder wurde mir von meinen Agenten nahegelegt, dass es günstig wäre, nach New York oder Paris zu ziehen, da dort die meisten Auftraggeber ihre Zelte aufgeschlagen hatten und ich dann vor Ort wäre. Also zog ich mit meiner Familie nach New York, um mir das Leben dort anzuschauen. Nach einem Monat war mir klar, dass ich in dieser Metropole nicht leben wollte. Es war mir zu laut, zu hektisch und zu unruhig. Das war mein Leben in dieser Zeit ohnehin schon. Nichtsdestotrotz ist New York bis heute meine Lieblingsstadt in den USA – bloß nicht mit einem Kleinkind.

Als ich kurze Zeit später für zwei Wochen nach Los

Angeles flog, um dort zu arbeiten, begleiteten mich mein Mann und mein Sohn. Es war Ende September 1989. Wien begann soeben grau und nass zu werden. Die Palmen, das Meer und die Menschenleere von L. A. taten uns gut und wir beschlossen, in dieser Stadt zu überwintern. Der in den Bronx aufgewachsene Autor John Patrick Shanley, aus dessen Feder *Moonstruck*, *Doubt*, *Danny and the Deep Blue Sea* stammen, meinte einmal sarkastisch über Los Angeles: *„Es ist ein guter Platz für Leute, die gerade einen Nervenzusammenbruch hatten, weil es hier so gut wie keine Stimulation gibt."* Das hat natürlich was. Wie gesagt, L. A. schien mir perfekt geeignet zu sein, um dort eine Zeit lang ein Zuhause zu haben. Es währte achtzehn Jahre.

Wiederum schüttelten die Agenten den Kopf ob meiner Entscheidung, da es zu diesem Zeitpunkt in Los Angeles keine Arbeit für Models gab. Ich aber wollte einen neutralen Platz und meine Sturheit machte sich abermals bezahlt: Der Erholungswert in Kalifornien war unglaublich hoch. Wenn ich von den Shows aus Paris, Mailand und New York, die – wenn auch wunderbar, interessant und zum Teil sogar lustig – ein einziger Spießrutenlauf waren, nach Los Angeles in mein Zuhause zurückkehrte, setzte ich mich zuerst einmal einen halben Tag lang an den Strand und schaute einfach nur auf das Meer. Ich dachte über die verschiedenen Shows nach, die Kollektionen, die vielen Menschen, die ich getroffen und mit denen ich zu tun gehabt hatte. Ich verdaute das Erlebte und kam zur Ruhe.

Das Affentempo, das so manche an den Tag legen, erschöpft mich allein schon beim Zuschauen. Und ich reagiere mit dem Gegenteil: Je schneller die anderen, umso langsamer werde ich. Der flotte Gang mancher Leute macht mich nervös; ich spüre die innere Gehetztheit, von der sie sich antreiben lassen. Das ist allerdings nichts Neues: In seinem Drama *Egmont* beschrieb Goethe „diese Hektiker" recht treffend: *„Wohin er geht, wer weiß es – erinnert er sich doch kaum, woher er kam."* Manche nehmen sich nicht einmal Zeit, in Ruhe aufs Klo zu gehen. Kein Wunder, dass so viele an Verstopfung leiden. Doch, worum geht es eigentlich? Darum, erfolgreicher zu sein? Mehr zu verdienen? Ich glaube, das sind gar nicht die Themen; vielmehr habe ich das Gefühl, dass diese Leute am Ball bleiben wollen und schon allein damit der Freizeitstress beginnt. E-Mails schreiben, Facebook, Twitter. Mich interessiert das alles wenig. Ich liebe es, mein Mobiltelefon auszuschalten, mal das ganze Wochenende nicht in den Computer zu schauen und stattdessen ein Buch zu lesen. Und das in aller Ruhe.
Mittlerweile haben sich bereits viele Gruppen für die Langsamkeit gebildet: von Slow Food über Slow Reading bis zu Slow Sex – erstaunlich, dass es selbst dafür einer gemeinschaftlichen Initiative bedarf. Jenen, die einen Denkanstoß in puncto Langsamkeit brauchen, möchte ich das Büchlein *Der kleine Prinz* von Antoine de Saint-Exupéry ans Herz legen. Oder Sie stürzen sich in Tolstojs zivilisationskritische Schriften, um sich selbst ein bisschen einzubremsen.

WORTE VON GROSSEN DENKERN ÜBER DIE ZEIT

„Zeit ist nur dadurch, dass etwas geschieht,
und nur dort, wo etwas geschieht."
– Ernst Bloch

„Zeit haben heißt wissen, wofür man Zeit haben will
und wofür nicht."
– Emil Oesch

„Wohlstand ist, wenn die Menschen
mehr Uhren haben als Zeit."
– Werner Mitsch

„Menschen, die Zeit haben, sind immer auch Menschen,
die nicht glauben, sie müssten alles selbst machen."
– Emil Oesch

„Was ist die Zeit? Und die lösende, nicht lösende
Kinderantwort, Staunensantwort kommt dazu:
Die Zeit ist eine Uhr, die keine Ziffern hat."
– Ernst Bloch

„Ist die Zeit das Kostbarste unter allem,
so ist Zeitverschwendung
die allergrößte Verschwendung."
– Benjamin Franklin

DER RADIKAL DENKENDE TOLSTOJ

1910 starb der russische Schriftsteller Lew Tolstoj. Seine Romane, wie *Anna Karenina* oder *Krieg und Frieden*, sind ewige Klassiker, von denen viele zumindest gehört haben. In Vergessenheit geraten sind hingegen jene Werke, in denen er den Fortschritt infrage stellte. Mit diesen Schriften – sie umfassen in der deutschen Ausgabe des Eugen Diederichs Verlags stattliche 14 Bände – wurde der russische Graf zum ersten weltbekannten Aussteiger aus der modernen Zivilisation, zum Pazifisten, Propheten und Ökopionier, der die Eisenbahn ebenso verachtete wie jede andere technische Neuerung. Sie verhalte sich zur Reise ähnlich wie das Bordell zur Liebe, meinte er einmal. Den Fortschritt insgesamt betrachtete er als eine Art von Religion, der Menschen blind vertrauten, weil sie sich davor fürchteten, sich mit den wichtigeren Themen des Lebens auseinanderzusetzen.

Seine Warnungen an eine Gesellschaft, die weiterhin mit Höchstgeschwindigkeit in Richtung Industriemoderne raste, sind heute längst verhallt und dennoch so aktuell wie nie zuvor. Ebenso wie eine seiner Weisheiten, die in Lebenshilfe-Ratgebern unserer Zeit tausendfach zitiert wurde: *„Du musst dein Leben ändern, wenn du die Welt ändern willst."*

SLOW STARS

Während für mich Los Angeles ein idealer Ort für den Rückzug vom Modelbusiness war, zieht es Hollywood-Stars und Filmregisseure wie Sean Penn oder Meryl Streep immer häufiger aufs Land hinaus, möglichst weit weg vom Mekka der Filmindustrie mit seinem Gesellschaftsstress. Oder sie lassen sich wie Johnny Depp gleich in Frankreich nieder, um dort zwischen ihren Jobs zur Ruhe zu kommen. Er hat sich wohl seinerzeit bei Dreharbeiten mit Marlon Brando von diesem nicht nur Tipps in puncto Schauspiel geben lassen. Brando war einer der ersten Aussteiger, kaufte sich eine Insel in Tahiti, pfiff auf Hollywood und war ein großer Verfechter der Meditation; sein zu hoher Blutdruck senkte sich dank dieser Praxis drastisch.

Auch Regisseur David Lynch schwört auf transzendentale Meditation, eine Entspannungstechnik, bei der zweimal täglich zwanzig Minuten lang in einer bequemen, aufrechten Sitzhaltung ein Mantra gesprochen wird. Er hat sogar ein Buch darüber geschrieben: *Catching the Big Fish*. Die vom Inder Maharishi

Mahesh Yogi in den späten 50er-Jahren gegründete und von den Beatles, den Rolling Stones und vielen anderen Größen des Showbusiness unterstützte Organisation für transzendentale Meditation, die nach Maharashis Lehren eine glücklichere Gesellschaft aufbauen will, feierte zur Millenniumswende als „Globales Land des Weltfriedens“ ein Comeback. Last, but not least, leben viele Hollywood-Stars, was die Ernährung betrifft, die neue Langsamkeit vor, indem sie Slow Food über Fast Food stellen. Spätestens seit das Magazin „Vanity Fair“ vor vier Jahren Stars wie George Clooney und Julia Roberts mit der Schlagzeile „Eine neue grüne Revolution“ auf dem Titelblatt zeigte, weiß man, dass die Wahrscheinlichkeit, Celebrities im Supermarkt zu treffen, enorm gesunken ist. Stattdessen läuft man ihnen auf dem Farmer's Market in Brentwood, einem feinen kleinen Biomarkt, über den Weg. Und kann dort Drew Barrymore zusehen, wie sie ihren frisch gepressten Kiwi-Erdbeer-Saft genießt, oder Harrison Ford beobachten, wie er die soeben gekauften Karotten in seine eigens mitgebrachte Leinentasche steckt. In Europa gibt es solche Märkte, auf denen Bauern ihr ungespritztes Obst und Gemüse verkaufen, zum Glück in jeder größeren Stadt. In den USA sind sie leider eine Seltenheit.

IM ZEICHEN DER SCHNECKE

Die Lust auf Langsamkeit greift zurzeit schnell um sich, die sogenannte „Slow-Bewegung" findet weltweit immer mehr Anhänger. Begonnen hat der Trend, als der Italiener Carlo Petrini im Jahr 1986 das „Slow Food Movement" gründete. Seine Idee war, das Essen zu entschleunigen und der Fast-Food-Gesellschaft ein klares Kontra zu geben. Er traf damit den Zahn der Zeit, wo Menschen durch falsche Ernährung ihre Gesundheit ebenso ruinierten wie die Umwelt, die den globalen Übersättigungswahn kaum noch verkraften konnte. Während in den Supermarktregalen Delikatessen aus aller Welt verrotteten, verhungerten die fast zu Tode bewirtschafteten Böden, und durch den CO_2-Abdruck all der sinnlosen Lebensmitteltransporte drohte die Atmosphäre zu ersticken.

Schon drei Jahre später trafen in Paris die Slow-Food-Delegationen aus aller Welt zusammen, um das „Slow Food Manifesto" zu unterzeichnen. Eine Textstelle daraus sei zitiert.

„Gegen diejenigen, die Effizienz mit Hektik verwechseln, setzen wir den Bazillus des sinnlichen Genusses, welcher sich in einer geruhsamen und anhaltenden Lebensfreude manifestiert. Wir beginnen sogleich mit dem Slow-Food-Programm. Zu Tisch! Gegen die Verflachung des Fast Food setzen wir den Reichtum der Geschmäcker aller regionalen Küchen. Wenn das Fast Life im Namen der Produktivität unser Leben kastriert, Menschen und Umwelt bedroht, muss

die Slow-Food-Bewegung die entsprechende Antwort einer neuen Avantgarde sein.“
Heute hat die Slow-Food-Bewegung weltweit mehr als 80.000 Mitglieder, die in lokalen Gruppen, sogenannten „Convivien“, organisiert sind. Sie veranstalten regelmäßig themenbezogene Abendessen, Verkostungen von Lebensmitteln, Wein und Bier und sie unternehmen Ausflüge. Ihr Wappentier: die Schnecke.

SO WERDEN SIE ZUR SLOW-FOODIANERIN

Die wichtigsten fünf Zutaten der langsamen Küche

REGIONAL EINKAUFEN

Für Slow Food werden vor allem heimische Lebensmittel verwendet, denn wer in einen Apfel beißt, der aus der Steiermark stammt, ernährt sich vitaminreicher als jemand, der eine Kiwi isst, die tausende Kilometer weit weg unreif geerntet wurde – und immer noch unreif im Supermarktregal landete. Genauso ist es mit der frisch gefangenen Forelle aus dem Gebirgsbach, die den gezüchteten Lachs aus Alaska in Geschmack und Gesundheitswert bei Weitem übertrifft. Und bei der Wahl des Weines ist ein guter Tropfen aus der Wachau jenem vorzuziehen, von dem man nicht einmal genau weiß, wo er ausgebaut wurde, und schon gar nicht, welche Zusatzstoffe nach der dort geltenden Rechtslage erlaubt sind.

FRANZÖSISCH SPEISEN

Es müssen nicht jeden Tag Bouillabaisse oder Coq au vin auf den Tisch kommen, aber die Art und Weise, wie Franzosen das Essen als Ritual zelebrieren, kann man sich ruhig zum Vorbild nehmen; denn die „Schneckenesser" haben, wie die meisten Südländer, kaum gesundheitliche Probleme, die von der Ernährung herrühren, klagen weniger über Sodbrennen oder Verdauungsstörungen und haben auch seltener mit Übergewicht zu kämpfen. Ihr Rezept lautet: sich fürs Essen – gemeinsam mit der Familie oder mit Freunden – Zeit nehmen.
Ein Abendmahl in Frankreich beginnt mit Salat und Suppe, dazu gibt es knuspriges Baguette, in der Folge ein wenig Gemüse, eine Pasta, eine Pause, danach Fisch oder Huhn, Rinderfilet oder Schweinsmedaillons und abschließend Käse. Zwischen den Gängen wird Wasser und Wein getrunken und geplaudert – viel auch über das Essen selbst. Das gesellige Beisammensein dauert oft bis in die frühen Morgenstunden.

WIEDER KAUEN

Wer ständig nur Burger „auf ex" hinunterschlingt, hat bald nicht nur einen riesigen fetten Klumpen im Magen, sondern auch ähnlich beschaffene Pölster an Bauch und Hüften; denn wer schnell isst, wird auch schnell dick. Das hat seinen Grund darin, dass das Sättigungsgefühl verzögert eintritt. Das alte Sprichwort „Gut gekaut ist halb verdaut" hat nichts an Bedeutung verloren, das belegen mittlerweile auch wissenschaftliche Studien.

Beim Kauen wird das Essen gut eingespeichelt und gelangt ohne Widerstand durch die Speiseröhre in den Magen. Dort werden Keime abgetötet, was wiederum besser vor sich geht, wenn die Teile bereits gut zerkleinert sind. Für die übrigen Verdauungsschritte gilt, dass sie, je höher die Qualität, der Vitamingehalt und der Nährstoffanteil von Lebensmitteln sind, umso besser funktionieren. Und umso gesünder bleibt der Esser.

TRADITIONELL KOCHEN

Die Slow-Food-Bewegung unterstützt Gastronomen, die Speisen nach überlieferten Rezepten zubereiten. Dadurch soll verhindert werden, dass jahrhundertelang erprobte Gerichte, die sich über Generationen hinweg als bekömmlich und gesund erwiesen haben, aus den Menükarten verschwinden.

Ich selbst habe beispielsweise immer schon leidenschaftlich gerne Hülsenfrüchte gegessen. Auch die Vielfalt und die mannigfachen Verwendungsmöglichkeiten von Bohnen, Linsen, Kichererbsen & Co begeisterten mich. Da sie sehr viel Protein enthalten, sind sie ein idealer Ersatz für Fleisch; insbesondere dann, wenn man sie in Kombination mit Getreide isst. Hülsenfrüchte und Getreide ergänzen einander und bilden zusammen ein ganzes Protein, wie man es sonst fast nur in tierischen Produkten wie Eiern und Fleisch findet. So erklärte es mir ein Ernährungswissenschaftler. Erstaunlicherweise scheinen ältere Generationen, für die Fleischkonsum noch keine Selbstverständlichkeit war, das schon gewusst zu haben.

Egal, welches Kochbuch man in die Hand nimmt und in welche Küche man hineinschaut: So gut wie überall auf der Welt findet man Gerichte, die aus Hülsenfrüchten und Getreide bestehen. Das Spektrum reicht von den legendären sauren Linsen mit Knödeln meiner Großmutter über italienische Pasta con fagioli bis zu mexikanischem Arroz con frijoles oder indischem Linsen-Curry mit Reis. Das sind auch schon vier meiner Lieblingsgerichte. Natürlich ist es viel zeitaufwendiger, Bohnen zuerst für eine Nacht einzuweichen und dann noch ein paar Stunden vor sich hin kochen zu lassen als etwa ein Steak abzubraten. Und Vorausplanen muss man für seine Mahlzeit obendrein. Doch das Resultat und der Genuss sind es mir wert, um Geschwindigkeit geht's eben nicht.

ZWISCHENDURCH ZELEBRIEREN

Berufstätige wollen nach einem hektischen Arbeitstag natürlich nicht noch mehrere Stunden in Kochen und Essen investieren. Und in den immer kürzer werdenden Mittagspausen der modernen Leistungsgesellschaft bleibt ohnehin meist nur Zeit für einen kleinen Happen. Trotzdem muss dabei auf den Slow-Charakter nicht verzichtet werden, denn auch ein Müsliriegel oder ein Weckerl können rituell verzehrt werden. Zum Beispiel, indem man sie zerteilt, auf einem Teller hübsch anrichtet und dann Stück für Stück genießt. Langsam, versteht sich.

KÖSTLICHKEITEN AUS HÜLSENFRÜCHTEN

MEXIKANISCHE SCHWARZE BOHNEN

ZUTATEN FÜR 4 BIS 6 PERSONEN

500 g Bohnen
1 Zwiebel
1 Knoblauchzehe
1 EL Zucker
1 Chilischote, getrocknet
1 Lorbeerblatt
Olivenöl
Pfefferkörner

ZUBEREITUNG

Bohnen über Nacht in Wasser einweichen, in demselben Wasser am nächsten Tag in einem Topf bei mittlerer Hitze kochen. Wenn nötig, mit Suppe aufgießen, sodass die Bohnen bedeckt sind. Eine Zwiebel klein schneiden, gemeinsam mit Knoblauch, Zucker, Chilischote, zwei Schuss Olivenöl, Lorbeerblatt und Pfefferkörnern den Bohnen beimengen. Erst wenn die Bohnen gar sind, salzen. Reis, Avocado und Salsa passen perfekt dazu.

NEPALESISCHES LINSEN-CURRY

ZUTATEN FÜR 2 PERSONEN

1 Tasse Urid-Linsen, halbiert mit Schale
1 Tasse Basmatireis
3 Kapseln Kardamom
4 kleine Kartoffeln oder Blattgemüse
4 EL Öl
1 kleine Zwiebel
1 Zehe Knoblauch
Ingwer (gleiche Menge wie Knoblauch)
1/3 Chilischote, rot, frisch
1 TL Salz
1 TL Kreuzkümmel (im Ganzen)
1 TL Gewürzmischung Chana Masala
1 TL Gewürzmischung Garam Masala o. Ä.
2 TL Sauce (Pickels oder Chutney)

ZUBEREITUNG

Linsen:

Urid-Linsen einweichen, abspülen (ansonsten schäumt es zu stark beim Kochen) und in 2 Tassen reichlich gesalzenem Wasser kochen, bis die Linsen gar sind (weich, aber nicht zerfallen). Topf von der Platte nehmen. 2 EL Öl in einer Pfanne erhitzen (bei ca. 2/3 der maximalen Hitze, ansonsten verbrennen die Gewürze). Klein gehackte Zwiebel glasig dünsten. Knoblauch, Ingwer, 1/2 TL Kreuzkümmel, einen gestrichenen TL Chana Masala, 1/2 TL Garam Masala dazu und noch 2 bis 3

Minuten brutzeln lassen. Anschließend das Ganze unter die Linsen rühren (Pfanne mit Holzspachtel gründlich auskratzen). Vor dem Servieren mit einem Schuss Limettensaft abrunden.

Basmatireis:
Eine Tasse Reis mit wenig Salz und dem Inhalt von 3 Kapseln Kardamom in 1 1/2 Tassen kochendem Wasser gar köcheln (im Original ist der Reis nicht körnig).

Blattgemüse:
Blattgemüse (ähnlich wie Spinat) vorkochen, in 2 EL Öl mit 1/2 TL Kreuzkümmel (im Ganzen) und 1/2 TL Garam Masala scharf anbraten.

Linsen in kleine Schälchen geben. Auf dem Teller Reis, Gemüse und 1 TL Pickles, z. B. selbst gemachtes Minz- oder Korianderchutney, eventuell mit 1/4 Limette, anrichten.

Das Curry schmeckt aufgewärmt fast noch besser, daher kann man es fein vorbereiten. Dann braucht man nur noch den Reis zu kochen; das Gemüse kann man weglassen.

LINSEN MIT SEMMELKNÖDELN

ZUTATEN FÜR 4 PERSONEN

Für die Linsen:

50 g Linsen, gekocht oder aus der Dose (530 g)
2 Zwiebeln
2 Zehen Knoblauch
1 gestr. EL Majoran, getrocknet
2 Walchholderbeeren, zerdrückt
2 EL Senf
1 EL Essig (nach Belieben)
2 Lorbeerblätter
Wasser
1 Suppenwürfel
Olivenöl

Für die Knödel:

6 Semmeln (oder Vollkorntoastscheiben)
1 Zwiebel, fein gehackt
2 Eier
¼ l Milch
2 EL Mehl
2 EL Petersilie, fein gehackt
2 EL Butter, Salz

ZUBEREITUNG

Linsen:

Das Öl erhitzen, Zwiebel und Knoblauch goldbraun anrösten, die Linsen dazugeben, kurz durchrühren,

Majoran, Wacholderbeeren, Lorbeerblatt, Senf und Essig hinzufügen, kurz durchrühren und mit reichlich Wasser aufgießen, die Linsen 15 bis 20 Minuten leicht köcheln lassen, erst jetzt mit Suppenwürfel würzen, nochmals kurz aufkochen lassen. Die Linsen noch 5 bis 10 Minuten durchziehen lassen.

Semmelknödeln:
Die Semmeln oder Toastbrot in kleine Würfel schneiden und in eine Schüssel geben, Zwiebel in Öl anrösten, zu den Semmeln geben; das Ei, Milch und Petersilie den Semmelwürfeln beimengen, gut durchmischen, mit Salz abschmecken, die Masse kurz rasten lassen. Wenn sie zu weich ist, Mehl dazugeben, dann Knödel formen und diese in gesalzenem Wasser zugedeckt 15 bis 20 Minuten kochen lassen.

Linsen vor dem Servieren nochmals abschmecken und mit den Semmelknödeln servieren.

PASTA E FAGIOLI

ZUTATEN FÜR 4 PERSONEN
350 g Borlotti-Bohnen
2 Knoblauchzehen
200 g geschälte Tomaten
1 EL Tomatenmark
1 Stange Sellerie
Oregano und Petersilie

400 g gemischte Nudeln
1 getrocknete Chilischote
Olivenöl
Salz

ZUBEREITUNG

Bohnen in viel Wasser zum Kochen bringen und bei kleiner Flamme zugedeckt kochen lassen. Kurz bevor sie gar sind, den gewürfelten Sellerie und Knoblauch in Öl in einer Pfanne anrösten. Dann vom Feuer nehmen, die geschälten Tomaten, das Tomatenmark und die getrocknete Chilischote mit einem Glas Wasser und einer Prise Salz hinzufügen. Alles mischen und auf kleiner Flamme noch 10 Minuten kochen lassen. In der Folge alles zu den gar gekochten Bohnen gießen. 15 Minuten bei kleiner Flamme weiterkochen lassen. Einen Teil der Bohnen aus dem Topf nehmen und pürieren, dann wieder hinzufügen. Nudeln zu den Bohnen in den Topf schütten und das Ganze so schnell wie möglich wieder zum Kochen bringen. Solange kochen lassen, bis die Nudeln al dente sind. Falls notwendig, etwas Wasser dazugeben. Dann die Pasta noch 10 Minuten ruhen lassen. Das Ganze sollte eine cremige Konsistenz haben.

GESCHWINDIGKEITSKONTROLLE

Nehmen Sie sich eigentlich genügend Zeit fürs …

… Essen? Das ideale Tempo lässt sich klarerweise nicht in Bissen pro Stunde messen – schließlich ist eine Suppe kein Steak und umgekehrt. Aber wer beim Slow Eating alle seine Sinne einsetzt, nimmt sich automatisch Zeit zum Genießen. Das beginnt schon beim „Das-Auge-mitessen-Lassen“: Sehen Sie sich genau an, was auf Ihrem Teller liegt, und gustieren Sie mit Ihren Blicken. Setzen Sie, wenn es die Speise erlaubt, Ihren Tastsinn ein. Es verwundert nicht, dass in arabischen Ländern, wo vieles mit den Händen gegessen wird, Mahlzeiten einen besonders hohen Stellenwert einnehmen; sie sind mehr als Nahrungsaufnahme, sie sind auch ein haptisches Ereignis. Schaufeln Sie auch das Essen nicht einfach in sich hinein, sondern gönnen Sie Ihrem Geruchssinn einen Genussmoment, bevor Sie eine nach Rosmarin duftende Kartoffel oder eine Trüffelravioli zum Mund führen. Lassen Sie sich Leckerbissen im wahrsten Sinne des Wortes auf der Zunge zergehen. Kauen Sie nicht wild drauflos, sondern warten Sie, bis sich der Geschmack im Mund entfalten kann. Versuchen Sie, zu erkennen, welche Gewürze verwendet wurden, und lauschen Sie auch auf Geräusche: Wie hört sich das Knacken der Nuss an, die Sie gerade zerbeißen? Oder das leise Knirschen eines Salatblattes? All das gehört zu einer genussvollen Mahlzeit dazu.

… Schlafen? *„Sechs Stunden für den Mann, sieben für die Frau und acht für den Narren"*, meinte Napoleon einmal. Vor dem Hintergrund der heutigen Wissenschaft lautet die „Bettformel" ein wenig anders: Sechs bis acht Stunden, je nach Alter, sind unumgänglich, wenn man sein Immunsystem stärken und nicht gerädert durch den Tag gehen will. Recht hatte Bonaparte allerdings insofern, als es nicht klug ist, zu viel zu schlafen: Wer zehn Stunden im Land der Träume verbringt, lebt deshalb nicht gesünder. Es sei denn, man hängt zwei Stunden davon Tagträumen nach. Im Stadium zwischen Wunsch und Wirklichkeit lässt sich der Alltag perfekt ausblenden. Gleichzeitig kann man darin unangenehme Erlebnisse leichter verarbeiten als in der „Vernunftzone" des Gehirns, neue Ziele finden und Stress abbauen. Wer will, kann auch ein Tagtraum-Tagebuch führen. Wenn man regelmäßig aufschreibt, was man sich erträumt, lernt man, sich selbst besser zuzuhören, und erfährt viel über die eigenen Wünsche, Ängste und Sehnsüchte.

… Zu-Fuß-Gehen? Wozu durchs Leben rennen, wenn man in aller Ruhe durchspazieren kann? Ich verstehe Leute nicht, die selbst beim ganz normalen Gehen an allem vorbeilaufen, was sehens- oder hörenswert ist – das kann die Landschaft sein, die Architektur einer Stadt oder der Mensch, der einen begleitet. Das ideale Tempo ist jenes, in dem man gemeinsam vorankommt, sich aber noch miteinander unterhalten kann. Und zwar ohne sich nach dem anderen umdrehen zu müssen!

... Lesen? Keine Frage: Schnell zu Informationen zu kommen muss möglich sein. Deshalb haben Twitter & Co sicher ihre Berechtigung. Ich finde nur, Geschwindigkeit allein ist auf Dauer einfach zu wenig. Moderne „digital natives“, die nie offline sind und nonstop News konsumieren, erfahren zwar alles als Erste, wissen aber am Ende trotzdem wenig. Ein deutsches Slow-Media-Manifest (www.slow-media.net/manifest) will dem Zeitalter der medialen Beschleunigung bereits „Inseln der bewussten Langsamkeit“ entgegensetzen. Und Trevor Butterworth fordert in einem Slow-Media-Manifest auf www.forbes.com, das permanente Aufsaugen von Online-Häppchen einzustellen und stattdessen *„wenige, aber bessere Medien zu konsumieren“*. Für mich sind das Zeitschriften wie „National Geographics“, der „Spiegel“, aber auch das US-amerikanische „Vanity Fair“, in denen man wirklich gut recherchierte Berichte findet. Und mit Sicherheit braucht es Zeit, um eine zehnseitige Reportage über ein Thema zu lesen, das einen wirklich interessiert. Aber wenn man auf die hundert Fast-Food-Infos, die einem täglich via Facebook oder Handy geliefert werden, verzichtet, dann bleibt einem diese Zeit ganz einfach.

... Treffen von Freunden? E-Mails sind im Berufsleben heute ein Muss und im privaten Bereich sicher praktisch, vor allem wenn man, so wie ich, den Kontakt zu Freunden und Familie in einem anderen Land aufrechterhalten will. Aber ein gemütlicher Abend mit lieben Menschen, die man sehen, hören und „gut riechen“ kann, ist durch nichts zu ersetzen. Und eine Umarmung schon gar nicht. Viele Untersuchungen haben bestätigt, dass wir Berührungen genauso brauchen wie Nahrung. Viermal pro Tag sollte man von jemandem liebevoll in den Arm genommen werden, um gesund und glücklich zu bleiben. Trotzdem wird unsere Gesellschaft immer berührungsärmer. Um diese Distanziertheit auszugleichen, hat der „Hugger“ Juan Mann in Kanada als Erster auf der Straße „free hugs“, also kostenlose Umarmungen, angeboten. Mittlerweile wird seine Idee weltweit umgesetzt. Dabei hätten es die meisten von uns gar nicht nötig, sich von wildfremden Leuten ans Herz drücken zu lassen. Wir brauchten nur öfter unseren Partner, unsere Kinder, unsere Großmutter oder unsere Freunde, Bekannten oder Kollegen mit offenen Armen zu empfangen.

... Lieben? Sogar beim Sex wird heute Zeit gespart. Eine Studie des Behrend College, Pennsylvania, hat ans Licht gebracht, dass das Miteinanderschlafen im Durchschnitt drei bis dreizehn Minuten dauert. Die Befragten vermerkten zugleich, dass sie mit dieser Dauer unzufrieden wären. Und alle wünschten sich ein längeres Vorspiel. Warum sie sich diesen Wunsch nicht einfach erfüllen? Vielleicht, weil sie zu wenig entspannt an die Sache herangehen und einander in ihrer Dauerhektik sogar in ihren innigsten Momenten zu wenig Zeit geben. Dabei wäre gerade Liebemachen das perfekte „Antistressmittel“.

... Ausspannen? Auch wenn ich Tolstojs feindliche Einstellung zur Eisenbahn für etwas übertrieben halte, so steht das Motto „Zug fährt durch“ sicher nicht auf meinem Fahrplan. Mir ist es ein Rätsel, wie Leute pausenlos aktiv sein können. Viele werden schon nervös, wenn sie einmal nicht drei Dinge gleichzeitig tun. Dabei haben die wenigsten Menschen wirklich das Talent zum Multitasking. Hirnforscher und Psychologen wissen aus Untersuchungen, dass die Mehrheit maximal zwei Tätigkeiten gleichzeitig fehlerlos und risikofrei ausführen kann. Bei zusätzlichen parallelen Arbeiten leiden die Konzentration sowie in der Folge das Ergebnis. Und auch die Wichtigkeit von Auszeiten ist vielfach belegt, egal, ob vom Job, vom In-den-PC-Starren oder von Freizeitbeschäftigungen. Echtes Ausspannen heißt, auch einmal gar nichts zu tun. Oder zumindest nichts, was einen unter Zeitdruck setzt.

... Spielen? Will man lernen, loslassen zu können, ist es hilfreich, sich Kinder zum Vorbild zu nehmen: Sie schaffen es spielend, den Ernst des Lebens bei einer Kartenpartie oder beim Federballspiel zu vergessen. Wenn man sich ihnen anschließt, ohne belehrend zu werden oder den „Schiedsrichter“ herauszukehren, dann ist die Freude, die man ihnen damit bereitet, richtiggehend ansteckend. Wichtig ist dabei, dass man sich wirklich auf das Spiel einlässt und nicht in Gedanken ganz woanders ist; denn Kinder merken sehr schnell, ob man ihnen nur halbe Aufmerksamkeit oder innige Zuwendung schenkt.

DAS ZEITVERSTÄNDNIS DES *KLEINEN PRINZEN*

„Guten Tag", sagte der kleine Prinz.
„Guten Tag", sagte der Händler.
Er handelte mit höchst wirksamen, durststillenden Pillen. Man schluckt jede Woche eine und spürt überhaupt kein Bedürfnis mehr zu trinken.
„Warum verkaufst du das?", sagte der kleine Prinz.
„Das ist eine große Zeitersparnis", sagte der Händler.
„Die Sachverständigen haben Berechnungen angestellt. Man erspart dreiundfünfzig Minuten in der Woche."
„Und was macht man mit diesen dreiundfünfzig Minuten?"
„Man macht damit, was man will …"
„Wenn ich dreiundfünfzig Minuten übrig hätte", sagte der kleine Prinz, *„würde ich ganz gemächlich zu einem Brunnen laufen …"*
– Antoine de Saint-Exupéry

DURCH DICK UND DÜNN: ZWISCHEN SUPERMODEL & SUPPENKASPAR

Als Supermodel galt ich nie. Aber ich arbeitete während deren Ära, und das mit großem Erfolg. Ende der 80er-Jahre waren es die Wonder Women Cindy Crawford, Claudia Schiffer und Naomi Campbell, und natürlich die überirdisch schöne Tatjana Patitz, die das Frauenbild prägten. Was sie miteinander gemein hatten, war eine sehr weibliche Figur mit Rundungen, die so manchen Mann in Träume versetzten. Wie erstaunt aber war ich, als ich bei der Zusammenarbeit mit Cindy Crawford feststellte, dass sie in Wirklichkeit relativ zart war. Auf Fotos schaut man immer üppiger und mindestens um fünf Kilo schwerer aus.

Als Kind war ich „essensunlustig" und ernährte mich mit Vorliebe von Süßigkeiten. Der fadendünne Suppenkaspar aus *Struwwelpeter* wurde mir oft als abschreckendes Beispiel vorgehalten, und als wir, wie jeden Sommer, in Tirol wandern gingen, sprach mich einmal eine deutsche Touristin an – ich sei so dünn, ob mir denn meine Eltern nichts zu essen geben. Ich war damals acht Jahre alt und ihre Bemerkung schockierte mich.

Mit sechzehn hatte ich das gegenteilige Problem: Ich war pummelig und wollte abnehmen. Meine Freundin und ich beschlossen, uns auf Diät zu setzen. Ich hielt genau drei Tage durch. Je länger ich über mein „Ich soll nichts essen“ nachdachte, umso stärker fühlte ich mich in meiner Freiheit eingeengt, und am dritten Tag machte ich mich über den Eiskasten her; es gab kein Zurück mehr. Das war das erste und einzige Mal, dass ich eine Diät probierte.

Mit meiner ersten Liebesbeziehung verflüchtigte sich der Babyspeck und nach der Geburt meines Sohnes war ich so mager, dass meine Kleider an mir schlotterten. Ich war wieder ein Fliegengewicht. In dieser Zeit begann ich, verstärkt als Model zu arbeiten, und führte für Yves Saint Laurent sogar Haute Couture vor – *sogar* deshalb, weil man für Haute Couture meist noch dünner sein sollte als für Prêt-à-porter.

Beruflich durfte ich mich glücklich schätzen, von „Vogue“ bis zur Prada-Kampagne mit den besten Fotografen der Welt zusammenzuarbeiten. Privat litt ich unter meinem Dünnsein. Es passte nicht wirklich zu meinem Knochenbau und ich kam mir mager und unsexy vor. Auch meine Nerven waren schwach und ich litt unter Appetitlosigkeit. Am schlimmsten war es für mich, Sätze wie *„Du bist so mager“*, *„Du solltest mehr essen“* zu hören zu bekommen. Da verging mir der Appetit zur Gänze. Zuzunehmen fiel mir genauso schwer wie abzunehmen.

Erst ein vierwöchiger Urlaub in einem „All you can

eat"-Club in sonnigen Gefilden brachte mich zu meinen alten Formen zurück. Gestärkt, braun gebrannt und fröhlich begab ich mich Ende September zu den Modeschauen nach Mailand. Ich fühlte mich seit Langem wieder rundum wohl in meiner Haut. Bei einem Fitting für eine Modeschau von Prada – ich sollte auch wieder für dessen Kampagne fotografiert werden – bekam ich mit Ach und Krach die Kleider zu. Und nach der Show, bei der ich wie eine Knackwurst über die Bühne gewurschtelt war, sagte man mir für diese Kampagne ab: Ich war zu dick.

Meine Agentur war sauer; und ich etwas beschämt ob meiner Unprofessionalität. Nichtsdestotrotz gefiel ich mir. Ich fühlte mich mit diesen paar Kilos mehr einfach wohler.

Den Shows in Mailand folgten jene in Paris. Und nachdem ich bei Helmut Lang, der meine neue Weiblichkeit mit Begeisterung aufgenommen hatte, über den Laufsteg gegangen war, wurde ich in meinem Eigensinn bestätigt: Peter Lindbergh und Ellen von Unwerth buchten mich für die italienische „Vogue" und meine Üppigkeit wurde zelebriert. Bei einer Fundraising-Modeschau von Dolce&Gabbana, die im Privathaus von Steven Spielberg veranstaltet wurde, bekamen Sophie Dahl, die auch „mollig" war, und ich Jeans aus der Herrenkollektion, weil uns jene aus der Frauenkollektion nicht passten. Wir waren beide stolz auf unseren neu gefundenen Status.

Die Modewelt ist eine Welt der Extreme. Wenn ich mir

heute Mädchen anschaue, die über den Laufsteg gehen, kommen sie mir so mager vor, wie keine davor es gewesen sind. Andererseits wird auch Beth Ditto über den Runway geschickt, und sie ist ja alles andere als dünn: Sie ist eine schöne Frau, die Lebenskraft und Freude versprüht. Das scheint das Wichtigste zu sein. Offenbar sind diese Extreme wichtig, damit man für sich selbst bestimmen kann, wo man hineinpasst. Wie man sieht, ist das Schönheitsideal jedenfalls schon lange weg von fahler Magerkeit. In jedem Hip-Hop-Video sieht man üppige Frauen und je mehr Popo sie haben, als desto schöner gelten sie. Nach all diesen Jahren in der Modewelt ist es vielleicht nicht erstaunlich, dass ich „dünn" nicht mit schön gleichsetze. Ich empfinde das Attribut „weiblich" weitaus interessanter als eine Kleidergröße.

ÜBER DIE ERFINDUNG DER SCHLANKHEIT

„Man kann niemals reich oder dünn genug sein." Eine Meinung, die eigentlich gut ins 21. Jahrhundert passt, doch sie ist jene von Wallis Simpson, der Herzogin von Windsor, die 1896 in den USA geboren wurde und 1986 in Paris verstarb.

Schlanksein ist vor allem ein kulturelles Phänomen. Es gab immer schon Kulturen, in denen große, schlanke Menschen idealisiert und verehrt wurden. Bei genauerer Betrachtung von Menschen der Vergangenheit stößt man auf eine ganze Menge dünner Vorbilder. Schon bei den alten Griechen und Römern galt ein kleiner, fester Busen als Schönheitsideal, allerdings in Kombination mit ausladenden Hüften.

Im Mittelalter wurden die Figuren zunehmend mädchenhafter: schlank, mit schmaler Taille und leicht gerundeten Schultern. Nur ein Bäuchlein durften sich die Burgfräuleins leisten. Das fand man damals erotisch.

In Renaissance, Barock und Rokoko wurde vorübergehend die Wohlgenährtheit propagiert. Man schätzte Rubensfiguren und selbst das Doppelkinn kam eine Zeit lang zu Ehren. Aber schon Mitte des 17. Jahrhunderts war wieder Schluss mit Schlemmen: Das Korsett rückte in den Mittelpunkt des Modegeschehens und verlangte nach einem möglichst leeren Magen.

In der Romantik wurde die Frau am liebsten als zerbrechliches, blasses Wesen gesehen. Während das viktorianische Bürgertum Körperfülle als Zeichen für Wohlstand respektierte, hielten die Romantikerinnen bereits Diäten mit Essig und Zitrone.

Ab dem Ende des 19. Jahrhunderts wurde Fett infolge der Verbreitung der puritanischen Leistungsethik mit Trägheit in Verbindung

gebracht. Schlankheit dagegen symbolisierte Erfolg und Tüchtigkeit.
Zur Jahrhundertwende wich zwar das Korsett langsam aus dem Kleiderkasten, aber mit der Jugendbewegung breitete sich zugleich das Ideal des schlanken, jugendlichen und sportlichen Körpers aus. In den Goldenen Zwanzigern gesellte sich zu dieser „gesunden Natürlichkeit" der urbane Gegentyp: die Garçonne mit flachgedrücktem Busen, kurzen Haaren und rotem Schmollmund.
Selbstverständlich lieferte auch „good old Hollywood" unzählige Schlankheitsgeschichten: Marlene Dietrich, die ursprünglich wie eine gestandene Berlinerin ausgesehen hatte, avancierte mit eingefallenen Wangenknochen infolge strengster Diät zur angebeteten Kunstfigur. Audrey Hepburn, die nach der Scheidung ihrer Eltern in ärmlichen Verhältnissen aufwuchs und in ihrer Kindheit – aufgrund der Nahrungsmittelknappheit in den 40er-Jahren – am Verhungern war, stellte in ihrer Zeit eine Ikone der Magerkeit dar. Als elegantes, elfenhaftes, fast transparentes Wesen prägte sie den Stil dieser Epoche und blieb nach ihrem Tod im Jahr 1993 im kollektiven Gedächtnis verhaftet.
Im Kampf um die Schönheit kam es seit jeher zu Beeinträchtigungen der Gesundheit: Leber-

schäden, verursacht durch zu enge Korsetts, waren dazumal keine Seltenheit. Im alten China litten während der Tang-Dynastie vor allem höfische Frauen an Magersucht.

Um die Hintergründe des Kults um das Dick- bzw. Dünnsein zu beleuchten, muss man diese Pänomene im Kontext des steten gesellschaftlichen Wandels der Auffassung vom Körperbild betrachten. Als Nahrungsmittel noch knapp waren, zählte allein die Quantität als Kriterium. Die Macht hatte, wer über die Ressourcen bestimmte: Der König musste demnach einen mächtigen Körper haben. In der Folge der Industrialisierung vollzog sich der Wandel von der Quantität zur Qualität als Kriterium; auf dieser Basis entstand für die Menschen die Möglichkeit, zu wählen, was sie essen wollten. Die Mächtigen jedoch entdeckten damit die Attraktivität der Schlankheit – der Drang zum schlanken Körper zeigte sich vor allem im Wohlstand.

Die Ursachen dafür, dass Armut in den Industrieländern heutzutage eher mit Über- als mit Untergewicht einhergeht, sind noch nicht zur Gänze geklärt. Eine These besagt jedoch, dass Lebensmittel mit hoher Energiedichte, die aus Fett und Zucker resultiert, billiger sind als solche mit niedrigerem Fett- und Zuckeranteil. Es ist nicht von der Hand zu weisen, dass dieses Phänomen als Zeichen der Ohnmacht in gesellschaftlichen Unterschichten gewertet werden könnte. Berichten der Welternährungsorganisation der Vereinten Nationen (FAO) nach gibt es heute weltweit genauso viele unterernährte wie übergewichtige Menschen.

DAS GEGENGEWICHT: KULTIGE KURVENFRAUEN

Die Bezeichnung „Supermodel“ tauchte erstmals im Jahr 1943 auf. Der Modelagent Clyde Matthew Dessner verwendete sie in seinem Buch *So You Want To Be A Model!*, einer Anleitung zum Modeling. Damals waren Models elegante, schlanke Damen. Üppige Laszivität war den – meist gezeichneten – Pin-ups vorbehalten. Es dauerte noch sechs Jahre, bis das Pin-up zur realen Frau wurde: 1949 posierte Marilyn Monroe nackt für den Fotografen Tom Kelly. Auf einem Kalenderblatt veröffentlicht wurde eines der Fotos – es zeigte Marilyn auf rotem Samt – erst im Jahr 1952.
In der Nachkriegszeit feierten weibliche Rundungen ein Comeback. Wenn auch eine Venus von Milo oder die Rubensfigur es nicht mehr unter die Top fünf der Schönheitsideale schafften, so begrüßte man einen wohlgerundeten

Po, Vollbusigkeit und ein bisschen mehr als einen Hauch von Bauch doch wieder als Zeichen von Fruchtbarkeit, Gesundheit und Wohlstand. Schauspielerinnen wie eine Monroe oder eine Loren bestimmten das Schönheitsideal – und machten kein Geheimnis aus ihrer Lust auf Genuss und Überfluss. *„Alles, was Sie sehen, verdanke ich Spaghetti"*, meinte Sophia Loren dazumal. Und brachte sogar ein Kochbuch mit dem sinnlichen Titel *In cucina con amore* heraus.

Aber nicht nur in der Küche, auch mit Kleidung wurde die neue Üppigkeit gerne zelebriert. Wie Marylin Monroe oder Jayne Mansfield trugen die meisten Frauen der 50er- und frühen 60er-Jahre Konfektionsgröße 42 und betonten ihre Taille mit engen Röcken und Gürteln. Und stellten stolz die darüber und darunter hervorquellenden Speckröllchen zur Schau. Erst im Laufe der 60er kam mit Models wie Twiggy die weibliche Figur „aus der Mode".

Nach jahrelangen Diskussionen um Magersucht und Diätwahn geht die Trendfigur heute langsam wieder in die Breite.

ÜPPIGES GLÜCK

Rund ist gesund. Und (ein bisschen) Fett macht froh. Lesen Sie im Folgenden über fünf Gründe, warum sich molligere Frauen oft besser fühlen als superschlanke.

FETT HÄLT WARM

Fett kann im Gegensatz zu Muskeln zwar keine Wärme erzeugen, aber es isoliert und hält dadurch die Kälte aus dem Körper draußen. Je weniger man davon hat, umso leichter friert man – und leidet nachts oft an eiskalten Füßen. Dass dieses Problem die weibliche Betthälfte stärker betrifft, ist ebenso altbekannt wie leicht erklärbar: Während ein durchschnittlicher Mann zu rund vierzig Prozent aus Muskelmasse und zu fünfzehn Prozent aus Fett gebaut ist, lautet das Verhältnis bei einer Frau 25 : 25 – wenn sie eine Non-Model-Figur hat. Hat sie hingegen Twiggy-Maße und gehört sie zu den „Diätschlanken" – sprich: null Fett, aber kein bisschen mehr Muskeln –, dann kann ihre Traumfigur sehr schnell auskühlen. Wenn man also schon unbedingt abnehmen will, dann ist es, vor allem in der kalten Jahreszeit, besser, auf Bewegung zu setzen. Zusätzlich einheizen kann man übrigens über den Magen: mit scharfen Speisen, die mit Paprika, Pfeffer oder Chilischoten gewürzt sind. Das darin enthaltene Capsaicin entfacht schon auf der Zunge ein Feuer und verwandelt in der Folge den Körper in einen Kamin. Ebenfalls wärmend wirken eine heiße Hühnersuppe, Tees – zum Beispiel aus frischen Rosmarinblättern – sowie Speisen, die auch als Aphrodisiaka gelten. Dazu zählen unter anderem Erbeeren, Ingwer, Spargel und Kürbis; ihnen wird nachgesagt, dass sie die Durchblutung in allen Körperteilen erhöhen.

DÜNN MACHT DURSTIG

Der traditionellen chinesischen Medizin nach kann ein magerer Körper Flüssigkeiten schlechter speichern. Sehr dünne Menschen neigen deshalb zu trockener Haut und spröden Haaren. Insbesondere während einer Diät braucht man mehr Wasser, denn, wenn man weniger isst, sinkt zum einen die Menge an Flüssigkeit, die man normalerweise mit der festen Nahrung zu sich nimmt, zum anderen entsteht weniger Oxidationswasser, da weniger Energie aufgenommen wird. Aber auch, wenn man gleich viel isst und allein durch Sport Kalorien verbrennt, sollte man auf jeden Fall mehr trinken, denn der Energieverbrauch ist erhöht und man braucht mehr Wasser, weil man durch Schweiß und Atemluft auch mehr davon abgibt. Außerdem entstehen beim Abbau von Körperfett verschiedene Abfallstoffe, die zusammen mit Flüssigkeit ausgeschieden werden müssen. Und diese Flüssigkeit muss man natürlich wieder zuführen.

POLSTER GEBEN SCHUTZ

Ein paar kleine Fettpölsterchen schützen nicht nur vor Verletzungen, zum Beispiel der inneren Organe oder der Hüftgelenke, sondern auch vor oberflächlichen Menschen. Wenn man eine Traumfigur hat, finden einen auf den ersten Blick alle großartig und wollen einen unbedingt kennen lernen. Hat man einen großen Hintern, kommt man eher mit jenen Leuten ins Gespräch, die sich Zeit für einen zweiten Blick nehmen. Und die sich die Mühe machen, herauszufinden, ob man vielleicht auch ein großes Herz hat.

HÜFTGOLD IST WEIBLICH

Eine Studie über Körperfett, die an der Universität Oxford durchgeführt und Anfang 2010 veröffentlicht worden war, brachte gute Nachrichten für uns Frauen: Typisch weibliche Rundungen sind gesünder als typisch männliche; ein dicker Po, breite Hüften und körpereigene „Reiterhosen" können nämlich aktiv vor Diabetes und Herz-Kreislauf-Erkrankungen schützen. Doch Fett ist nicht gleich Fett. Bauchfett kann schädliche Fettsäuren abgeben und Glykoproteine, die sogenannten Zytokine, in den Körper schicken, die Entzündungen hervorrufen. Das Hüftfett fängt diese Fettsäuren wieder ein und hindert sie daran, sich an der Leber oder an den Muskeln festzusetzen, wo sie verschiedene gesundheitliche Probleme verursachen können. Außerdem kann das Fett an den Hüften und am Hinterteil hilfreiche Hormone produzieren und die Arterien schützen. Zumindest für Mediziner sieht die Idealfigur also folgendermaßen aus: dicke Oberschenkel, breite Hüften und möglichst wenig Bauch.

DIÄTEN KÖNNEN DEPRIMIEREN ...

... und zwar nicht nur, weil sie so schwer durchzuhalten sind, sondern auch, weil die klassischen „Dickmacher", auf die man dabei oft verzichten soll, eigentlich wahre Glücklichmacher sind. Man muss nicht Sophia Loren oder Italienerin sein, um Spaghetti zu lieben: Nudeln lösen durch ihre Kohlehydrate tiefe Zufriedenheit aus, und das einfach deswegen, weil sie uns sättigen. Und durch eine evolutionäre Programmierung verbinden wir „satt" automatisch mit „glücklich". Wenn wir auf Pasta verzichten, schlägt unsere Liebe zum eigenen Glücksgefühl schnell in Liebeskummer um. Und dagegen hilft dann fast nur noch Schokolade.

FETTE JAHRE – DÜNNE MODELS

Was unter Traumfigur verstanden wird, hängt vom Träumer ab – und davon, wo und wovon er gerade träumt. Der Frage, warum dicke Frauen in manchen Ländern und Zeiten mit Blicken verschlungen werden, während in anderen Regionen Non-Fat-Figuren als appetitlich gelten, gingen vor einiger Zeit englische Forscher nach. In Regionen, in denen Lebensmittel knapp sind, werden dickere Frauen schon deshalb als attraktiver angesehen, weil man ihnen eher zutraut, gesunden Nachwuchs zur Welt zu bringen. In England konnten die Wissenschaftler das Phänomen immerhin bei hungrigen Studenten beobachten. Sie fragten dreißig hungrige und einunddreißig satte junge Männer vor beziehungsweise nach dem Besuch einer Mensa, welchen Typ von Frau sie anziehend finden. Die fünfzig weiblichen Vorzeigemodelle präsentierten ihre unterschiedlichen Figuren in Leggings. Die Ergebnisse der Studie zeigten einen interessanten Zusammenhang auf: Je hungriger ein Mann ist, umso weniger stört es ihn, wenn eine Frau Speck an den Hüften hat. Wer hingegen satt ist, entscheidet sich eher für Magere. *„Hunger beeinflusst das Denken, die Interessen und die Triebe"*, kommentierte das Martin Tovée von der Universität Newcastle.

MÄNNER MÖGEN'S MOLLIG

In Deutschland scheint der gefüllte Bauch eines Mannes nur noch wenig Einfluss darauf zu haben, wie dick der einer Frau sein darf. Eine Umfrage des Meinungsforschungsinstituts GEWIS (Gesellschaft für Erfahrungswissenschaftliche Sozialforschung) hat ergeben, dass die Deutschen den Schlankheitskult langsam sattbekommen und ein „Vollweib" wie Christine Neubauer einer gertenschlanken Kate Moss vorziehen. Und auch die Mehrheit der befragten Frauen war dieser Meinung.
Eine noch klarere Absage an die Zahnstocherfigur kam vor einigen Jahren von den Spaniern: 2007 wurden allzu dünne Models von der Madrider Modewoche ausgeschlossen. Nur wer „gesund und nicht abgemagert aussah" und ein Mindestgewicht auf die Waage brachte, durfte auf den Laufsteg. Die Veranstalter machten sich Sorgen, dass das Vorbild untergewichtiger Models die

verbreiteten Krankheiten Magersucht und Bulimie bei Jugendlichen fördern könnte.
Bei einer deutschen Abstimmung unter T-Online-Usern wurde die mexikanisch-US-amerikanische Schauspielerin Salma Hayek zum erotischsten Star gewählt, gefolgt von der Moderatorin Barbara Schöneberger und der ebenfalls wohlgerundeten Scarlett Johansson. Sogenannte „Magerstars" wie Keira Knightley und Victoria Beckham landeten dagegen auf den hinteren Plätzen.
Die Schauspielerin Christine Neubauer, die mit ihrer fülligen Statur beim männlichen deutschen Publikum sehr gut ankommt, meinte 2006 in einem Interview mit dem „Spiegel", dass sie zwar auf ihre Ernährung achte, aber auch gerne genieße: mal Schweinsbraten mit Knödeln, mal ein Stück Torte. Nur Verzicht zu üben, habe keine Sinnlichkeit. Tatsächlich sollten Genuss und Gewicht einander die Waage halten. Ich selbst verzichte ungefähr einmal im Monat für eine Woche auf Zucker, Alkohol und Zigaretten – aber nicht nach einem strikten Plan, sondern wann immer ich darauf Lust habe. In dieser Zeit esse ich viel griechisches Joghurt, das ist auch ein wahres Wundermittel für die Haut.
Ich bin ja überzeugt davon, dass Kleidergröße und Sex-Appeal einander keineswegs ausschließen. Latzhosen beispielsweise passen jedem. Sie waren schon in meinen Teenagerjahren, später auch während der Schwangerschaft mein Lieblingskleidungsstück – und sind es bis heute geblieben. Ich war sehr erfreut darüber, dass ich sie in den letzten Jahren so oft auf Laufstegen und in

Modemagazinen zu sehen bekam. Kleidung, die einengt, habe ich nie gemocht. Latzhosen geben einem Bewegungsfreiheit. Vielleicht finden Sie sie nicht sexy genug – dann sollten Sie diese mal mit Strapsen darunter probieren.

Bitte, mich nicht falsch zu verstehen: Auch dünne Frauen finde ich schön – solange man Ihnen anmerkt, dass sie sich an ihrer Figur einfach nur erfreuen und nicht dafür leiden müssen. Wer ständig „diätbehindert" im Restaurant einzig an einem Salatblatt kaut, während alle anderen ihr dreigängiges Menü genießen, wirkt meistens frustriert. Und Frust ist nie attraktiv. Eine ernährungsbewusste Gourmandise hingegen, die sich gutes Essen gönnt (und dafür liebend gern auf geschmackloses Fast Food verzichtet), oder eine sportlich-schlanke Surferin, die sich an der Strandbar auf ihr Bier freut und mit befreundeten Kollegen begeistert auf den gelungenen Wellenritt anstößt, macht allein schon durch ihre Vitalität eine gute Figur.

HÜPFEN STATT HUNGERN

Natürlich kann nicht jede Frau eine Ernährungsexpertin oder eine Sportskanone sein – aber man kann für sich selbst die goldene Mitte finden. Zum Beispiel, indem man sich nicht andauernd auf Diät setzt, sondern stattdessen ab und zu tanzen geht: Abgesehen davon, dass es Spaß macht und man andere Menschen kennenlernt, verbrennt man gleichzeitig eine Menge Kalorien. Und wenn man glaubt, dass man nicht tanzen kann, dann hüpft man eben. So wie die Massais. Oder wie Bob Marley, der das am liebsten mit geschlossenen Augen tat. Das geht zu Hause und zu jeder Musik. Beim Hüpfen werden oft positive Erinnerungen an die Kindheit ausgelöst.

Genauso einfach, aber noch wirkungsvoller ist es, auf einem Trampolin zu springen. In Los Angeles ist das schon seit Langem in Mode. In Mitteleuropa, wo die Outdoor-Saison kürzer ist, kann man auch ein Minitramp in die Wohnung stellen. Trampolinhüpfen hat nicht nur einen hohen Spaßfaktor, sondern ist auch gesünder und effizienter als Laufen, da es die Gelenke und die Bandscheiben schont und um zwei Drittel mehr Muskeln und Kondition aufgebaut werden. Das hat eine Studie der US-Weltraumbehörde NASA ergeben.

Vor allem, wer sich oft gestresst fühlt – so ein Minitramp sollte in keiner Chefetage fehlen! –, tut gut daran, es einmal zu versuchen: Das schwungvolle Springen hilft tatsächlich, sich zu entspannen. Es beruhigt die Drüsen, die normalerweise die gemeinen Stresshormone ausschütten. Außerdem werden die Glückshormone Dopamin und Noradrenalin freigesetzt. Und weil man sich in der Luft so leicht fühlt, stärkt man auch das eigene Körpergefühl.

JEDE FRAU IST EIN STERN

„Every woman is a showgirl", sagte mir Christian Louboutin, der französische und zurzeit wohl berühmteste Schuhdesigner, jener, der die roten Unterseiten von Schuhsohlen zu seinem Markenzeichen gemacht hat. Er sollte es wissen, denn seine besten Kniffe in puncto Schuhdesign holte er sich während eines Praktikums am Varieté- und Musicaltheater Folies Bergère. Von den Revuegirls lernte er nicht nur, wie man den raffiniertesten Schuh designt, sondern auch viel über Frauen. Und er kam zu folgendem Schluss: *„Für mich sind Frauen richtige Paradiesvögel, einfach wunderbare Wesen."*

Den ersten Showgirl-Moment, an den ich mich erinnern kann, erlebte ich wohl an meinem achten Geburtstag. Es gab eine Kinderjause, meine liebsten Freundinnen und Freunde waren eingeladen worden und wir alle waren festlich gekleidet. Kerzen wurden ausgeblasen und Schokoladetorte gegessen. Wir spielten den ganzen Tag lang, bis es dämmerte. Dann bekam jeder einen Holzstab in die Hand gedrückt, an dem ein bunter Papierlampion mit brennender Kerze baumelte, und wir spazierten wie kleine Glühwürmchen singend durch den

Garten. Am Abend fiel ich glücklich ins Bett und wünschte mir, dass jeder Tag wie dieser sein könnte.
In der Kindheit war es für meine Geschwister und mich auch ein spannendes Vergnügen, uns gemeinsam in eine Fantasiewelt zu begeben: Stundenlang studierten wir Tänze, Turnkünste am Reck, Clown-Nummern und Sketches ein. Die Kostüme bastelten wir aus buntem Krepp-Papier – meist lösten sie sich bereits während der Vorstellung auf. Als Schminke dienten uns Wasserfarben und bunte Kreiden; die Haare toupierten wir und staubten sie mit Babypuder, damit sie schön weiß waren.
Ins Theater, ins Ballett oder in Museen zu gehen, eröffnete meinen Freundinnen und mir jeweils eine Quelle der Inspiration. Das Gesehene versuchten wir später bei Diskothekenbesuchen in verschiedensten Formen umzusetzen.
Mein erster professioneller Auftritt als Showgirl fand an der Wiener Angewandten statt. Die Studenten Gottfried und Meinrad, die beide die Meisterklasse von Karl Lagerfeld besuchten, hatten in einem Rundschreiben kundgetan, dass sie Mädchen für ihre Abschlussmodeschau suchten. Einige meiner Freundinnen und ich machten uns nach der Schule auf den Weg zur Universität. Und tatsächlich wurden meine beste Freundin und ich für die Schau „gebucht“. Die Kleider waren gut gearbeitet und unheimlich modern. Und das Styling der Frisur wie auch das Make-up erschienen so extravagant, dass ich mich kaum wiedererkannte. Ich kam mir sehr glamourös vor und als ich zu einem Lied von Grace

Jones die Stiegen zum Laufsteg hinaufging, schlotterten mir die Knie vor Aufregung.
Ein paar Fototermine sind mir auch noch in lebhafter Erinnerung. Peter Lindberghs Nachstellung des Filmes *Himmel über Berlin* etwa, für die ich Engelsflügel umgebunden bekam, oder ein Shooting mit Steven Meisel, der mich mithilfe von braunen Kontaktlinsen, schwarzem Haarspray und zusammengewachsenen Augenbrauen in Frida Kahlo verwandelte. Aber auch die Fotoserie, für die ich zu einem Mafioso – im Anzug, mit Flaum auf der Oberlippe und mit Pomade im Haar – „gedreht" wurde, war ein Erlebnis. Ich erhielt die berühmten „15 minutes of fame".
Doch, spüren nicht fast alle Menschen dieses Bedürfnis nach Aufmerksamkeit und Gesellschaft? Es liegt wohl in der menschlichen Natur. Wie sonst könnten *Next Superstar-*, *Next Topmodel-*, *Next Superkoch*-Shows derartig boomen? Oder Facebook? Es zeigt die Sehnsucht, sich in Szene zu setzen und sich darzustellen.
Und das zu Recht, denn in Wahrheit ist jeder Mensch ein Star: ein Stern, einzigartig und eine Welt für sich. Insbesondere die Liebe lässt einen dazu werden – wir sind es dann für diesen einen Menschen. Und in diesem Gefühl des Verliebtseins wächst man über sich hinaus und man kann Berge versetzen.
Nun, wenn man alleine ist, wieso nicht sich selbst zelebrieren? Und wenn es nur in Form eines Schaumbades im Kerzenlicht ist. Oder indem man sein Schlafzimmer umgestaltet und seinem Leben eine neue Kulisse bietet.

Sich jeden Tag neu zu begeistern – für die Welt der Kunst oder für die Natur, für Begegnungen mit anderen Menschen jeden Alters – hilft einem immer wieder, zum Star seiner eigenen Show zu werden.
Ich bin meinem Leben dankbar, dass ich als Showgirl durch die Welt tingeln durfte. Heute bin ich froh darüber, dass ich meine Wonnemomente mit meinen Liebsten teilen kann. Mit meinen Freunden und mit meiner Familie Zeit zu verbringen, mit ihnen gemeinsam zu kochen, einen Tisch liebevoll zu dekorieren oder einen Spaziergang durch den Wienerwald zu unternehmen, mich für sie schön zu machen, bereitet mir große Freude und bereichert mein Leben ungemein.

15 MINUTEN RUHM

Alle suchen den Superstar. Andy Warhol fand ihn schon in den 60ern. Der US-amerikanische Künstler, dessen Pop-Art-Werke um die Welt gingen, meinte im Jahr 1968: *„In Zukunft wird jeder 15 Minuten lang weltberühmt sein.“* In der Medienwelt und in der Popkultur ist Warhols Bonmot von damals längst zum geflügelten Wort geworden. Sein Ausspruch wird seit Jahrzehnten zitiert, um die Flüchtigkeit von Ruhm und medialer Aufmerksamkeit zu beschreiben. Der US-amerikanische Regisseur John Herzfeld inszenierte 2001 den Actionfilm *15 Minuten Ruhm,* der vom Streben nach

Ruhm und dessen Kurzlebigkeit handelt; die Hauptrollen spielten Robert De Niro und Edward Burns. Das gleiche Thema besingt Thomas D in seinem Lied „15 Minutes Of Fame“. Und der britische Künstler Banksy schuf eine Skulptur aus Fernsehgeräten, auf deren Bildschirmen der Satz „In the future, everyone will be anonymous for 15 minutes“ eingeblendet ist.
Warhols Statement und sein Weitblick erwuchsen aus seinem eigenen Interesse nach Ruhm und Berühmtheit. Seiner Auffassung nach sollten die Medien es jedem ermöglichen, eine Berühmtheit zu werden. Warhols wechselndes Gefolge von ansonsten unbekannten Trittbrettfahrern, genannt „Warhol's Superstars“, gab ein gutes Beispiel für die Kurzlebigkeit und Vergänglichkeit von Ruhm. Zu dieser Clique gehörten unter anderen Susan Bottomly, Brigid Berlin, Joe Dallesandro sowie Mary Woronov, die als Gogo-Tänzerin bei den Warhol'schen Exploding Plastic Inevitable Shows auftrat; an ihren für die damalige Zeit provokanten „Peitschentanz“ zu den Klängen von Velvet Underground erinnern sich vielleicht noch einige, an ihren Namen wohl die wenigsten.
Sobald die Aufmerksamkeit des Zuschauers erschöpft ist, bewirkt schon eine kleine Ablen-

kung, dass er sein Interesse einem anderen Subjekt widmet. Diese kleine Ablenkung erfasst den Betrachter heute natürlich dort am schnellsten, wo ihn alles am raschesten erreicht: im Internet oder vor dem Fernseher. In der Ära von Social Networks wie Facebook, Blogs und Reality Shows aller Art gelingt es immer mehr Menschen, zu „Superstars" zu werden – auch ohne Andy Warhols Hilfe. Seitdem sich jeder im Web eine Bühne für den eigenen großen Auftritt schaffen kann, wimmelt es nur noch so von „Celebrities auf Kurzzeit". Allerdings reduziert sich deren kurze Zeit auch noch proportional zu ihrer steigenden Zahl, speziell auf Facebook. Aufgrund der zunehmenden Größe der Facebook-Freundeskreise laufen die Statusmeldungen über den Bildschirm oft schon wie ein Film ab, der in doppelter Geschwindigkeit abgespult wird. Warhols „famous 15 minutes" werden dadurch langsam, aber sicher zu „famous 15 seconds". Sein berühmter Sager hat auch schon eine ironische Abwandlung erfahren, die dem schottischen Künstler Momus zugeschrieben wird: *„In Zukunft wird jeder für 15 Leute berühmt sein."*

IHR AUFTRITT, BITTE!

Im Grunde genommen ist es gleichgültig, ob ein Showgirl-Moment 15 Minuten oder 15 Sekunden dauert, ob 15.000 Menschen oder 15 ihn miterleben – oder gar niemand. Wichtig ist allein, dass man ihn selbst genießen kann. Und anstatt auf die Gelegenheit für seinen Showgirl-Auftritt zu warten, schafft man sie sich besser selbst. Daher an dieser Stelle einige Anregungen für Ihren Showgirl-Moment.

EIN EIGENWILLIGES KOSTÜM

Man wird nackt geboren, der Rest ist Verkleidung. Welche man wählt, bleibt jedem selbst überlassen. Eine Frau, die sich für ihre Show stylen will, sollte allerdings wissen, was für eine sie abziehen möchte. Einerseits, damit sie nicht versehentlich im falschen Film landet, andererseits, weil gut geplant auch schon halb genossen ist: Allein die Vorfreude auf den Auftritt, die beim Auswählen und Anprobieren des richtigen Outfits spürbar ist, kann die Strahler anwerfen.
Andreas Kronthaler, Modeexperte und Ehemann von Vivienne Westwood, verglich die Wirkung von Kleidung einmal mit jener von Medizin: *„Sie hilft, sich selbst zusammenzuhalten. Wenn man sich überlegt, wie man sich herrichten möchte, was man anziehen will, lässt man sich nicht so einfach gehen. Und man beschäftigt sich mit etwas Schönem.“* Ich denke mir das des Öfteren, vor allem in

schwierigen Situationen. Wenn ich zum Beispiel jemanden im Krankenhaus besuche, achte ich sehr auf mein Äußeres, damit ich durch mein Erscheinen und eben auch durch meine Kleidung Freude vermitteln kann.
Einen anderen Menschen zu beglücken und zu überraschen, ist stets ein gutes Motiv für einen Showgirl-Auftritt. Und man muss dafür nicht einmal tief in die Tasche greifen, denn es braucht kein brandneues Designeroutfit. Oft reichen schon ein paar lässige Accessoires, mit denen man die eigene Erscheinung völlig verändern kann. Hüte eignen sich dazu bestens. Ich trage am liebsten solche mit einer breiten Krempe, die dem Gesicht schmeichelt, indem sie es „einhüllt“, ähnlich wie man in einem Auto von Fenstern und einem Dach umgeben ist. Apropos Auto: Ist Ihnen schon einmal aufgefallen, dass man im Auto stets besser aussieht als auf der Straße?
Natürlich eignen sich auch Brillen ideal, wenn man einmal in eine ganz andere Rolle schlüpfen möchte: Schon eine ungewöhnliche Sonnenbrille kann das Gesicht so stark verändern, dass einen selbst die besten Freunde auf den ersten Blick nicht erkennen. Sehr reizvoll sind aber auch Modelle mit Fensterglas, zum Beispiel im Sekretärinnen-Style der 50er-Jahre. Oder man nimmt eine Riesenbrille à la Elton John und trägt sie mit einem humorvollen Augenzwinkern.
Am spannendsten sind Verkleidungen immer dann, wenn man jemanden damit überrascht. Ein Beispiel dafür wäre, wenn eine sportliche Frau, die für gewöhnlich am liebsten in Jean und T-Shirt unterwegs ist, eines

Abends ein Satinkleid mit hohem Schlitz trägt, dazu eine Federboa auf den Schultern und einen strassbesetzten Zigarettenspitz zwischen den Fingern. Oder wenn eine typische Geschäftsfrau, die man nur in Kostüm und klassischen Pumps kennt, auf einer Party als richtige Rockerbraut antanzt: in knallenger Glitzerhose, Lederjacke und Overknee-Stiefeln.

Worauf man dabei nicht vergessen sollte, ist, seine Bewegungen dem Outfit anzupassen. Eine Federboa ist nun mal kein Frotteehandtuch, das man beim Laufen um den Hals hat. Und ja, für einen Rockröhren-Auftritt lohnt es sich durchaus, ein wenig Luftgitarre zu üben. Wer vom legeren Jeans-Look auf elegante enge Röcke umsteigt, sollte auf die Haltung seiner Beine achten: Schon Huckleberry Finn wurde entlarvt, als er sich in Mark Twains gleichnamigem Roman als Mädchen verkleidete und dabei so breitbeinig dastand wie ein Cowboy in Reiterhosen.

Der Genderrollentausch macht übrigens auch umgekehrt Spaß: Ziehen Sie dazu einfach nach dem Motto „Be a boy!“ einen Anzug Ihres Partners oder eines Freundes an, stecken Sie Ihre Haare in einen Hut oder in eine Mütze und richten Sie sich als lässiger Typ her! Je nach Haarschnitt lässt sich natürlich auch mit Pomade so einiges machen. Dazu noch ein Aufklebbart (es gibt mittlerweile in jedem Kostümgeschäft täuschend echte). Zum Teil lassen sich aus diesen Bärtchen auch ganz leicht Zwischenstücke für „zusammengewachsene“ Augenbrauen basteln.

WÄHLEN SIE IHRE FARBEN!

Dick Page, Kreativdirektor von Shiseido, der Stars wie Julianne Moore oder Catherine Zeta-Jones schminkt, wurde einmal gefragt, ob starke Farben im Gesicht nicht eher etwas für jüngere Frauen wären. Seine Antwort darauf: *„Überhaupt nicht. Ganz im Gegenteil. Ich sehe mit Schrecken, wie Frauen sich ab einem gewissen Alter unsichtbar machen wollen. Sie ‚beigen' sich aus, wie ich das nenne."*
Die Frau ab fünfunddreißig werde in dieses Antiaging hineinterrorisiert und sollte sich gegen diesen Terror zur Wehr setzen. *„Es geht doch nicht darum, sich die Jugend zu erhalten, sondern darum, mit seinem Alter umgehen zu lernen. Soll man plötzlich keinen Spaß mehr mit Farben im Gesicht haben dürfen? Warum soll man nicht zu gewissen Anlässen knallroten Lippenstift tragen oder wilden Lidschatten?"*
Seiner Beobachtung nach versteckt sich vor allem „die Amerikanerin" hinter der Idee von Perfektion. Europäerinnen haben viel mehr Freude daran, sich zu schminken. Und dürfen sich diese Freude auch erhalten: *„Es ist doch keine plastische Chirurgie"*, erinnert uns Dick Page. *„Es ist Make-up! Und Make-up ist ein Trick, eine Waffe. Man kann sich damit schützen und seine Schönheit und Einzigartigkeit betonen. Make-up kann einem ein Gefühl der Macht geben."*
Auch falsche Wimpern, aufgeklebte lange Nägel oder Perücken sind keineswegs eine Frage des Alters. Lust auf Veränderung hat man schließlich nicht nur mit zwanzig.

Ein farbenfrohes Make-up oder eine neue, extravagante Frisur sind Ausdruck von Lebensfreude sowie des Selbstbewusstseins, das Frauen im Laufe ihres Lebens entwickelt haben sollten.

SCHAUSPIELEN!

Der klassische Ort für einen Showgirl-Auftritt ist nach wie vor die Bühne. Auf den Brettern, die die Welt bedeuten, zu stehen und im Applaus des Publikums zu baden, kann ein sehr erfrischendes Erlebnis sein. Und man braucht dazu gar keine professionelle Schauspielerin zu sein, Laiendarstellergruppen findet man nahezu in jeder Stadt. Gemeinsam mit anderen zu proben und für Freunde und Bekannte ein Stück aufzuführen, ist eine grandiose Freizeitbeschäftigung. Man kann aber auch Improvisationsklassen besuchen, in denen die eigene Kreativität beim spontanen Ausdruck besonders gefordert ist. Dort lernt man nebenbei, in Alltagssituationen – auf der sogenannten „Bühne des Lebens" – selbstsicherer aufzutreten.
Was aber auch immer wieder zieht, sind simple Pantomimen-Vorführungen; sie stellen nicht selten die Highlights einer Party dar. Heutzutage, wo jeder ein Handy mit integrierter Kamera dabei hat, lassen sie sich auch in bewegten Bildern festhalten. Auf diese Weise wird aus dem Showgirl-Auftritt ein regelrechter Moviestar-Moment.

DIE FREUDE RAUSSINGEN

Vom Moviestar zum Musicalstar ist es dann nur noch ein kleiner Schritt, etwa zum Mikrofon oder – für Mutigere – auf die Bühne eines Karaoke-Lokals. Ein Tipp für Anfängerinnen: einen Song auswählen, den man davor nicht nur unter der Dusche in selbst gewählter Stimmlage geträllert, sondern auch in Originaltonhöhe gesungen hat. Das hat schon so mancher Neo-Popdiva seelische Tiefpunkte beim hohen C erspart.

ÜBERS TANZPARKETT SCHWEBEN

Wer ganz und gar nicht singen mag, aber eigentlich musikalisch ist und sich zudem gerne bewegt, findet vielleicht in den boomenden Szenen der Tanzwelt seine Bühne. Tango, Salsa, Swing & Co bieten mit internationalen Communities und zahlreichen Events jede Menge Möglichkeiten, auf dem Parkett Sternenstaub aufzuwirbeln. Fantasievolle Outfits und Verkleidungen sind dabei nicht nur erlaubt, sondern höchst erwünscht. Wer sich mit einem Hauch von Erotik umgeben will, ist bei Latin auf dem richtigen Tanzboden, in Lindy Hop Clubs begeistert man im Look der 40er- und 50er-Jahre, beim Square Dance als Western-Girl. Und wer von Kopf bis Fuß auf Glamour eingestellt ist, und zwar im wahrsten Sinne des Wortes, wird schon auf der ersten Milonga dem argentinischen Tango verfallen. Neben den glitzernden High Heels, die Tangueras an solchen Tanz-

abenden zu ihren seidig schimmernden Kleidern tragen, verblasst jeder andere Schuh.
Ist der eigene Partner zum Paartanzen zu faul und ein anderer zurzeit nicht greifbar? Dann ist eine Burlesque- oder Poledance-Klasse vielleicht das Richtige. Nicht nur fühlt man sich dabei unbeschreiblich weiblich, man bringt zugleich eine Wahnsinns-Gymnastikarbeit hinter sich, ohne es zu merken. Oder ein Ballett-Workout – seit dem Natalie-Portman-Film *Black Swan* ohnehin der letzte Schrei. Oder ein Bollywood-Workshop, bei dem im Stil der gleichnamigen indischen Musicals getanzt wird, oft auch mit Schellentüchern um die Hüften wie beim Bauchtanz. Und für besonders Temperamentvolle und Leidenschaftliche ist Flamenco perfekt. Olé!
Wer nur spontan und ohne lang Kurse zu buchen den Tanzboden allein rocken will, kann auch einfach wieder einmal in eine Diskothek gehen. Am besten zusammen mit alten Freundinnen, mit denen man sich – so wie seinerzeit an Schulsamstagen – vorher zum gemeinsamen Styling zu Hause trifft. Und beim gegenseitigen Schminken kichernd einen Aperitif schlürft und Erinnerungen an die damalige „Saturday Night Fever"-Zeit austauscht.

DIE WONNEN DES GARTENS

Und jetzt die gute Nachricht für all jene, die dem Nachtleben nicht viel abgewinnen können: Um sich im imaginären Rampenlicht zu sonnen, braucht es nicht unbedingt Neonröhren und Diskokugeln, oft tut's auch ein strahlend blauer Frühlingshimmel. Wenn man bei der Gartenarbeit lustvoll in der Erde wühlt, wird man Teil der größten und opulentesten Inszenierung: der Natur. Und man kann dabei auch seine eigene Natürlichkeit voll zum Ausdruck bringen. Das stärkt das Urvertrauen und gibt einem außerdem das Gefühl, nicht allein für ein bestimmtes Publikum, sondern für die Welt an sich eine Rolle zu spielen. Aus dem, was man schließlich erntet, kann man köstliche Speisen oder wunderbar wohltuende Tees zubereiten. Oder seine Wohnung mit duftenden Blüten auffrischen. Und damit einen Teil des „größeren Ganzen" mit nach Hause nehmen.

INS REINE KOMMEN

Magische Momente in den Alltag zu zaubern funktioniert klarerweise auch in den eigenen Wänden. Etwa, indem man das Putzen zum Fest macht. Man braucht dafür auch nicht – wie Schneewittchen im Walt-Disney-Zeichentrickfilm – Tiere aus der Umgebung als Helfer herbeizusingen. Charlie-Chaplin- oder Fellini-Filme liefern sehr fröhliche Soundtracks, die einem den Einsatz von Staubwedel und Sprühreiniger vergnüglicher machen und einen beschwingt durchs Haus fegen lassen. Originelle Putzkleider im Stil der 60er-Jahre kann man schon für ein paar Euro erstehen, dazu ein buntes Kopftuch um die Haare geschlungen – fertig ist die Putzfee à la Sophia Loren.

AUSSERGEWÖHNLICHES INSZENIEREN

Nachdem ich selbst in meinem Leben zahlreiche Showgirl-Momente erlebt habe, macht es mir auch große Freude, für andere einen unvergesslichen Abend zu inszenieren. Am liebsten mit einem außergewöhnlichen Essen an einem schön gedeckten Tisch mit Kerzen und Firlefanz nach eigener Fantasie.

Ein Thema für den Abend zu wählen ist immer gut, nur sollte es nicht zu kompliziert sein. Spannend und äußerst amüsant ist, wenn das Motto auch für die Kleidung gilt. Eine Farbe oder eine Epoche, etwa die 20er- oder die 50er-Jahre, lassen sich sowohl in den Outfits als auch in der „Kulisse" leicht umsetzen und machen als Gesamtbild viel her. Stimmt man neben den Speisen und den Getränken auch noch die Musik darauf ab, entsteht wie von selbst eine ganz eigene interessante Atmosphäre. Für eine gute Stimmung empfiehlt es sich, auch ein wenig Improvisation zuzulassen und nicht ständig zu versuchen, alles und jeden perfekt in Szene zu setzen; kleine Pannen tun dem Erfolg des Festes keinen Abbruch, im Gegenteil, sie machen es unvergesslich. Der Abend ist gelungen, wenn Sie sich nicht nur als Showgirl fühlen, sondern auch als Mitwirkende eines großen, wunderbaren Ensembles, das gemeinsam einen einzigartigen Abend erlebt.

Selbst Showgirl-Inszenierungen dürfen und sollen ihre Schönheitsfehler haben; durch diese werden sie unverwechselbar und damit unvergesslich. Warum dem so ist, wird im japanischen Konzept der Wahrnehmung von Schönheit, dem „Wabi Sabi", in einer poetischen Anekdote sehr gut nachvollziehbar erklärt:
„Der junge Sen no Rikyu war begierig darauf, alles über die Kunst des Teeweges, seine Zeremonien und Riten zu lernen, und suchte den Meister Takeno Jo-o auf. Der Meister wollte prüfen, ob Rikyu für diesen Weg geeignet sei, und schickte ihn in seinen Garten, um dort Ordnung zu schaffen. Rikyu machte sich eifrig ans Werk und arbeitete den ganzen Tag. Jo-o beobachtete ihn heimlich dabei. Als er seine Arbeit beendet hatte, betrachtete Rikyu sein Werk: Alles war sauber und makellos. Rikyu überlegte kurz. Dann ging er zum Kirschbaum, der in voller Blüte stand, und schüttelte ihn, bis einige Blutenblätter sanft zu Boden fielen. Von da an wusste Jo-o, dass Rikyu dem Teeweg alle Ehre machen würde und nahm ihn in seine Schule auf."
In dieser Geschichte ist der Kern des „Wabi Sabi" enthalten. Rikyu zeigt darin, wie ein Augenblick erst durch das Unvollkommene unvergleichlich wird; denn Schönheit liegt nicht in der Perfektion, sondern in der Einzigartigkeit. Erst die zwanglos verstreuten Blütenblätter auf dem untadelig geordneten Garten machen ihn zu etwas Besonderem. Vielleicht wird ein Windstoß sie schon im nächsten Moment fortwehen, aber was zählt, ist der

Augenblick ihres Gegenwärtigseins. Ihre Schönheit im Angesicht des steten Wandels der Welt ist das Geheimnis des „Wabi Sabi“.

Unser Bild von Schönheit ist heute beherrscht vom Streben nach Perfektion und Tadellosigkeit. Spuren der Zeit gelten als Zeichen für Abwertung. Unsere Autos dürfen keine Kratzer haben, unsere Wände keine Patina und unsere Gesichter keine Falten. Wir unterliegen einem Jugendwahn, der uns andauernd zwingt, wegzuwerfen, was gebraucht und nicht mehr vollkommen ist – bis hin zur eigenen Haut, die wir am liebsten abstreifen und durch eine makellose ersetzen würden, wenn sie an Jugendlichkeit verliert.

Das vor einigen Jahren wieder entdeckte Konzept des „Wabi Sabi“ konfrontiert uns mit einer Schönheit, die den modernen Idealen völlig entgegengesetzt ist. Das regt zum Nachdenken und Überlegen an: Ist der neue Teddybär wirklich kuscheliger als der alte, zerzauste mit den Löchern in den Ohren, mit dem wir uns die ganze Kindheit hindurch in den Schlaf wiegten? Ist der helle, noch unbenutzte Kochlöffel besser als der dunkel verfärbte, mit dem unsere Großmutter die köstlichsten Gerichte zubereitet hat? Heißt uns der neue Gartenzaun herzlicher willkommen als der altvertraute moosbewachsene? Hand aufs Herz: Egal, ob es sich um einen Gegenstand, einen Augenblick oder einen Menschen handelt: Wahre Schönheit weist immer Spuren der Vergänglichkeit auf. Daran sollten wir uns stets erinnern, wenn wir in den Spiegel schauen.

Danke, Nicole Adler,
ohne Dich wäre dieses Buch nicht entstanden.

Großen Dank an Elfie Semotan und Peter Lindbergh.

BILDNACHWEIS

Umschlagvorderseite : © Elfie Semotan
Umschlagrückseite: © Peter Lindbergh

Vor- und Nachsatz:
1. Reihe von l. o. nach r. u.:
Vogue: Cover der deutschen Vogue, August 1989,
Foto: Robert Erdmann
© Elfie Semotan
© Nate Bressler
© Alberto Tolot

2. Reihe von l. o. nach r. u.:
© Elfie Semotan
© Paul Jasmin
© Elfie Semotan
Vogue: Cover der französischen Vogue, September 1989,
Foto: Peter Lindbergh

3. Reihe von l. o. nach r. u.:
© Günter Parth
Wienerin: Cover der ersten Ausgabe der Zeitschrift Wienerin, 1986,
Foto: Gerhard Heller
© Paul Jasmin
© Günter Parth
Elle: Cover der Zeitschrift Elle, Juli 1991

VOGUE
DEUTSCH
HERBST '89
DER NEUE STIL
COVER-STAR CORDULA REYER: DIE FRAU DER ZUKUNFT
KNICK IM KNIGGE: DIE MÄNNER VERROHEN
JAZZ-LOOK
BEAUTY: DIE TRICKS DER TOP-MODELS

Cordula Reyer

WIENERIN
Das neue Bild der Frau
Schöne stolze Mütter
ENDLICH
Koller über Zilk
SIMONE DE BEAUVOIR
Der Kampf geht weiter
MODE
Bräute auf der Flucht
TABU
Die Wechseljahre

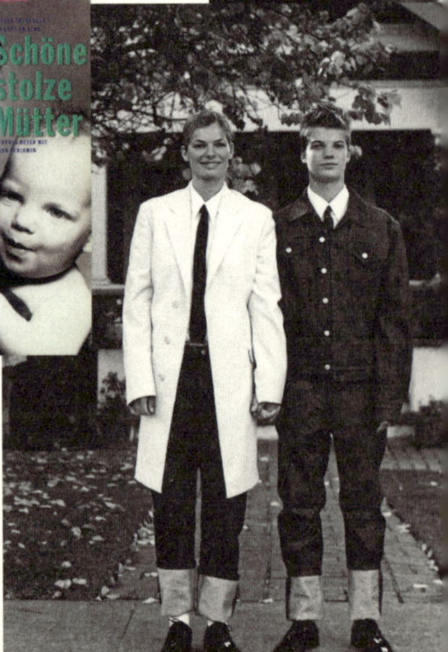